ALBANAIS

VOCABULAIRE

POUR L'AUTOFORMATION

FRANÇAIS ALBANAIS

Les mots les plus utiles
Pour enrichir votre vocabulaire et aiguiser
vos compétences linguistiques

3000 mots

Vocabulaire Français-Albanais pour l'autoformation - 3000 mots

Par Andrey Taranov

Les dictionnaires T&P Books ont pour but de vous aider à apprendre, à mémoriser et à réviser votre vocabulaire en langue étrangère. Ce dictionnaire thématique couvre tous les grands domaines du quotidien: l'économie, les sciences, la culture, etc ...

Acquérir du vocabulaire avec les dictionnaires thématiques T&P Books vous offre les avantages suivants:

- Les données d'origine sont regroupées de manière cohérente, ce qui vous permet une mémorisation lexicale optimale
- La présentation conjointe de mots ayant la même racine vous permet de mémoriser des groupes sémantiques entiers (plutôt que des mots isolés)
- Les sous-groupes sémantiques vous permettent d'associer les mots entre eux de manière logique, ce qui facilite votre consolidation du vocabulaire
- Votre maîtrise de la langue peut être évaluée en fonction du nombre de mots acquis

T&P Books Publishing
www.tpbooks.com

ISBN: 978-1-78767-065-5

Ce livre existe également en format électronique.
Pour plus d'informations, veuillez consulter notre site: www.tpbooks.com ou rendez-vous sur ceux des grandes librairies en ligne.

VOCABULAIRE ALBANAIS POUR L'AUTOFORMATION
Dictionnaire thématique

Les dictionnaires T&P Books ont pour but de vous aider à apprendre, à mémoriser et à réviser votre vocabulaire en langue étrangère. Ce lexique présente, de façon thématique, plus de 3000 mots les plus fréquents de la langue.

- Ce livre comporte les mots les plus couramment utilisés
- Son usage est recommandé en complément de l'étude de toute autre méthode de langue
- Il répond à la fois aux besoins des débutants et à ceux des étudiants en langues étrangères de niveau avancé
- Il est idéal pour un usage quotidien, des séances de révision ponctuelles et des tests d'auto-évaluation
- Il vous permet de tester votre niveau de vocabulaire

Spécificités de ce dictionnaire thématique:

- Les mots sont présentés de manière sémantique, et non alphabétique
- Ils sont répartis en trois colonnes pour faciliter la révision et l'auto-évaluation
- Les groupes sémantiques sont divisés en sous-groupes pour favoriser l'apprentissage
- Ce lexique donne une transcription simple et pratique de chaque mot en langue étrangère

Ce dictionnaire comporte 101 thèmes, dont:

les notions fondamentales, les nombres, les couleurs, les mois et les saisons, les unités de mesure, les vêtements et les accessoires, les aliments et la nutrition, le restaurant, la famille et les liens de parenté, le caractère et la personnalité, les sentiments et les émotions, les maladies, la ville et la cité, le tourisme, le shopping, l'argent, la maison, le foyer, le bureau, la vie de bureau, l'import-export, le marketing, la recherche d'emploi, les sports, l'éducation, l'informatique, l'Internet, les outils, la nature, les différents pays du monde, les nationalités, et bien d'autres encore …

TABLE DES MATIÈRES

Guide de prononciation 8
Abréviations 9

CONCEPTS DE BASE 10

1. Les pronoms 10
2. Adresser des vœux. Se dire bonjour 10
3. Les questions 11
4. Les prépositions 11
5. Les mots-outils. Les adverbes. Partie 1 12
6. Les mots-outils. Les adverbes. Partie 2 14

NOMBRES. DIVERS 15

7. Les nombres cardinaux. Partie 1 15
8. Les nombres cardinaux. Partie 2 16
9. Les nombres ordinaux 16

LES COULEURS. LES UNITÉS DE MESURE 17

10. Les couleurs 17
11. Les unités de mesure 17
12. Les récipients 18

LES VERBES LES PLUS IMPORTANTS 20

13. Les verbes les plus importants. Partie 1 20
14. Les verbes les plus importants. Partie 2 21
15. Les verbes les plus importants. Partie 3 21
16. Les verbes les plus importants. Partie 4 22

LA NOTION DE TEMPS. LE CALENDRIER 24

17. Les jours de la semaine 24
18. Les heures. Le jour et la nuit 24
19. Les mois. Les saisons 25

LES VOYAGES. L'HÔTEL   28

20. Les voyages. Les excursions   28
21. L'hôtel   28
22. Le tourisme   29

LES TRANSPORTS   31

23. L'aéroport   31
24. L'avion   32
25. Le train   33
26. Le bateau   34

LA VILLE   36

27. Les transports en commun   36
28. La ville. La vie urbaine   37
29. Les institutions urbaines   38
30. Les enseignes. Les panneaux   39
31. Le shopping   40

LES VÊTEMENTS & LES ACCESSOIRES   42

32. Les vêtements d'extérieur   42
33. Les vêtements   42
34. Les sous-vêtements   43
35. Les chapeaux   43
36. Les chaussures   43
37. Les accessoires personnels   44
38. Les vêtements. Divers   44
39. L'hygiène corporelle. Les cosmétiques   45
40. Les montres. Les horloges   46

L'EXPÉRIENCE QUOTIDIENNE   47

41. L'argent   47
42. La poste. Les services postaux   48
43. Les opérations bancaires   48
44. Le téléphone. La conversation téléphonique   49
45. Le téléphone portable   50
46. La papeterie   50
47. Les langues étrangères   51

LES REPAS. LE RESTAURANT   53

48. Le dressage de la table   53
49. Le restaurant   53
50. Les repas   53
51. Les plats cuisinés   54
52. Les aliments   55

53. Les boissons 57
54. Les légumes 58
55. Les fruits. Les noix 59
56. Le pain. Les confiseries 59
57. Les épices 60

LES DONNÉES PERSONNELLES. LA FAMILLE 61

58. Les données personnelles. Les formulaires 61
59. La famille. Les liens de parenté 61
60. Les amis. Les collègues 62

LE CORPS HUMAIN. LES MÉDICAMENTS 64

61. La tête 64
62. Le corps humain 65
63. Les maladies 65
64. Les symptômes. Le traitement. Partie 1 67
65. Les symptômes. Le traitement. Partie 2 68
66. Les symptômes. Le traitement. Partie 3 69
67. Les médicaments. Les accessoires 69

L'APPARTEMENT 71

68. L'appartement 71
69. Les meubles. L'intérieur 71
70. La literie 72
71. La cuisine 72
72. La salle de bains 73
73. Les appareils électroménagers 74

LA TERRE. LE TEMPS 75

74. L'espace cosmique 75
75. La Terre 76
76. Les quatre parties du monde 77
77. Les océans et les mers 77
78. Les noms des mers et des océans 78
79. Les montagnes 79
80. Les noms des chaînes de montagne 80
81. Les fleuves 80
82. Les noms des fleuves 81
83. La forêt 81
84. Les ressources naturelles 82
85. Le temps 83
86. Les intempéries. Les catastrophes naturelles 84

LA FAUNE 86

87. Les mammifères. Les prédateurs 86
88. Les animaux sauvages 86

89. Les animaux domestiques   87
90. Les oiseaux   88
91. Les poissons. Les animaux marins   90
92. Les amphibiens. Les reptiles   90
93. Les insectes   91

LA FLORE   92

94. Les arbres   92
95. Les arbustes   92
96. Les fruits. Les baies   93
97. Les fleurs. Les plantes   94
98. Les céréales   95

LES PAYS DU MONDE   96

99. Les pays du monde. Partie 1   96
100. Les pays du monde. Partie 2   97
101. Les pays du monde. Partie 3   98

GUIDE DE PRONONCIATION

Alphabet phonétique T&P	Exemple en albanais	Exemple en français
[a]	flas [flas]	classe
[e], [ɛ]	melodi [mɛlodí]	poète
[ə]	kërkoj [kərkój]	record
[i]	pikë [píkə]	stylo
[o]	motor [motór]	normal
[u]	fuqi [fucí]	boulevard
[y]	myshk [myʃk]	Portugal
[b]	brakë [brákə]	bureau
[c]	oqean [ocɛán]	corse - machja
[d]	adoptoj [adoptój]	document
[dz]	lexoj [lɛdzój]	pizza
[dʒ]	xham [dʒam]	adjoint
[ð]	dhomë [ðómə]	consonne fricative dentale voisée
[f]	i fortë [i fórtə]	formule
[g]	bullgari [buɫgarí]	gris
[h]	jaht [jáht]	[h] aspiré
[j]	hyrje [hýrjɛ]	maillot
[ʝ]	zgjedh [zʝɛð]	Dieu
[k]	korik [korík]	bocal
[l]	lëviz [ləvíz]	vélo
[ɫ]	shkallë [ʃkáɫə]	lit
[m]	medalje [mɛdáljɛ]	minéral
[n]	klan [klan]	ananas
[ɲ]	spanjoll [spaɲóɫ]	canyon
[ŋ]	trung [truŋ]	parking
[p]	polici [politsí]	panama
[r]	i erët [i érət]	racine, rouge
[ɾ]	groshë [gróʃə]	espagnol - pero
[s]	spital [spitál]	syndicat
[ʃ]	shes [ʃɛs]	chariot
[t]	tapet [tapét]	tennis
[ts]	batica [batítsa]	gratte-ciel
[tʃ]	kaçube [katʃúbɛ]	match
[v]	javor [javór]	rivière
[z]	horizont [horizónt]	gazeuse
[ʒ]	kuzhinë [kuʒínə]	jeunesse
[θ]	përkthej [pərkθéj]	consonne fricative dentale sourde

ABRÉVIATIONS
employées dans ce livre

Abréviations en français

adj	-	adjective
adv	-	adverbe
anim.	-	animé
conj	-	conjonction
dénombr.	-	dénombrable
etc.	-	et cetera
f	-	nom féminin
f pl	-	féminin pluriel
fam.	-	familiar
fem.	-	féminin
form.	-	formal
inanim.	-	inanimé
indénombr.	-	indénombrable
m	-	nom masculin
m pl	-	masculin pluriel
m, f	-	masculin, féminin
masc.	-	masculin
math	-	mathematics
mil.	-	militaire
pl	-	pluriel
prep	-	préposition
pron	-	pronom
qch	-	quelque chose
qn	-	quelqu'un
sing.	-	singulier
v aux	-	verbe auxiliaire
v imp	-	verbe impersonnel
vi	-	verbe intransitif
vi, vt	-	verbe intransitif, transitif
vp	-	verbe pronominal
vt	-	verbe transitif

Abréviations en albanais

f	-	nom féminin
m	-	nom masculin
pl	-	pluriel

CONCEPTS DE BASE

1. Les pronoms

je	Unë, mua	[unə], [múa]
tu	ti, ty	[ti], [ty]
il	ai	[aí]
elle	ajo	[ajó]
ça	ai	[aí]
nous	ne	[nɛ]
vous	ju	[ju]
ils	ata	[atá]
elles	ato	[ató]

2. Adresser des vœux. Se dire bonjour

Bonjour! (fam.)	Përshëndetje!	[pərʃəndétjɛ!]
Bonjour! (form.)	Përshëndetje!	[pərʃəndétjɛ!]
Bonjour! (le matin)	Mirëmëngjes!	[mirəmənɟés!]
Bonjour! (après-midi)	Mirëdita!	[mirədíta!]
Bonsoir!	Mirëmbrëma!	[mirəmbréma!]
dire bonjour	përshëndes	[pərʃəndés]
Salut!	Ç'kemi!	[tʃ'kémi!]
salut (m)	përshëndetje (f)	[pərʃəndétjɛ]
saluer (vt)	përshëndes	[pərʃəndés]
Comment allez-vous?	Si jeni?	[si jéni?]
Comment ça va?	Si je?	[si jɛ?]
Quoi de neuf?	Çfarë ka të re?	[tʃfárə ká tə ré?]
Au revoir! (form.)	Mirupafshim!	[mirupáfʃim!]
Au revoir! (fam.)	U pafshim!	[u páfʃim!]
À bientôt!	Shihemi së shpejti!	[ʃíhɛmi sə ʃpéjti!]
Adieu!	Lamtumirë!	[lamtumírə!]
dire au revoir	përshëndetem	[pərʃəndétɛm]
Salut! (À bientôt!)	Tungjatjeta!	[tunɟatjéta!]
Merci!	Faleminderit!	[falɛmindérit!]
Merci beaucoup!	Faleminderit shumë!	[falɛmindérit ʃúmə!]
Je vous en prie	Të lutem	[tə lútɛm]
Il n'y a pas de quoi	Asgjë!	[asɟé!]
Pas de quoi	Asgjë	[asɟé]
Excuse-moi!	Më fal!	[mə fal!]
Excusez-moi!	Më falni!	[mə fálni!]

excuser (vt)	fal	[fal]
s'excuser (vp)	kërkoj falje	[kərkój fáljɛ]
Mes excuses	Kërkoj ndjesë	[kərkój ndjésə]
Pardonnez-moi!	Më vjen keq!	[mə vjɛn kɛc!]
pardonner (vt)	fal	[fal]
C'est pas grave	S'ka gjë!	[s'ka ɟə!]
s'il vous plaît	të lutem	[tə lútɛm]

N'oubliez pas!	Mos harro!	[mos haró!]
Bien sûr!	Sigurisht!	[siguríʃt!]
Bien sûr que non!	Sigurisht që jo!	[siguríʃt cə jo!]
D'accord!	Në rregull!	[nə réguɫ!]
Ça suffit!	Mjafton!	[mjaftón!]

3. Les questions

Qui?	Kush?	[kuʃ?]
Quoi?	Çka?	[tʃká?]
Où? (~ es-tu?)	Ku?	[ku?]
Où? (~ vas-tu?)	Për ku?	[pər ku?]
D'où?	Nga ku?	[ŋa ku?]
Quand?	Kur?	[kur?]
Pourquoi? (~ es-tu venu?)	Pse?	[psɛ?]
Pourquoi? (~ t'es pâle?)	Pse?	[psɛ?]

À quoi bon?	Për çfarë arsye?	[pər tʃfárə arsýɛ?]
Comment?	Si?	[si?]
Quel? (à ~ prix?)	Çfarë?	[tʃfárə?]
Lequel?	Cili?	[tsíli?]

À qui? (pour qui?)	Kujt?	[kújt?]
De qui?	Për kë?	[pər kə?]
De quoi?	Për çfarë?	[pər tʃfárə?]
Avec qui?	Me kë?	[mɛ kə?]

| Combien? | Sa? | [sa?] |
| À qui? | Të kujt? | [tə kujt?] |

4. Les prépositions

avec (~ toi)	me	[mɛ]
sans (~ sucre)	pa	[pa]
à (aller ~ ...)	për në	[pər nə]
de (au sujet de)	për	[pər]
avant (~ midi)	përpara	[pərpára]
devant (~ la maison)	para ...	[pára ...]

sous (~ la commode)	nën	[nən]
au-dessus de ...	mbi	[mbí]
sur (dessus)	mbi	[mbí]
de (venir ~ Paris)	nga	[ŋa]
en (en bois, etc.)	nga	[ŋa]

dans (~ deux heures)	për	[pər]
par dessus	sipër	[sípər]

5. Les mots-outils. Les adverbes. Partie 1

Où? (~ es-tu?)	Ku?	[ku?]
ici (c'est ~)	këtu	[kətú]
là-bas (c'est ~)	atje	[atjé]

quelque part (être)	diku	[dikú]
nulle part (adv)	askund	[askúnd]

près de ...	afër	[áfər]
près de la fenêtre	tek dritarja	[tɛk dritárja]

Où? (~ vas-tu?)	Për ku?	[pər ku?]
ici (Venez ~)	këtu	[kətú]
là-bas (j'irai ~)	atje	[atjé]
d'ici (adv)	nga këtu	[ŋa kətú]
de là-bas (adv)	nga atje	[ŋa atjɛ]

près (pas loin)	pranë	[pránə]
loin (adv)	larg	[larg]

près de (~ Paris)	afër	[áfər]
tout près (adv)	pranë	[pránə]
pas loin (adv)	jo larg	[jo lárg]

gauche (adj)	majtë	[májtə]
à gauche (être ~)	majtas	[májtas]
à gauche (tournez ~)	në të majtë	[nə tə májtə]

droit (adj)	djathtë	[djáθtə]
à droite (être ~)	djathtas	[djáθtas]
à droite (tournez ~)	në të djathtë	[nə tə djáθtə]

devant (adv)	përballë	[pərbáɫə]
de devant (adj)	i përparmë	[i pərpármə]
en avant (adv)	përpara	[pərpára]

derrière (adv)	prapa	[prápa]
par derrière (adv)	nga prapa	[ŋa prápa]
en arrière (regarder ~)	pas	[pas]

milieu (m)	mes (m)	[mɛs]
au milieu (adv)	në mes	[nə mɛs]

de côté (vue ~)	në anë	[nə anə]
partout (adv)	kudo	[kúdo]
autour (adv)	përreth	[pəréθ]

de l'intérieur	nga brenda	[ŋa brénda]
quelque part (aller)	diku	[dikú]
tout droit (adv)	drejt	[dréjt]

en arrière (revenir ~)	pas	[pas]
de quelque part (n'import d'où)	nga kudo	[ŋa kúdo]
de quelque part (on ne sait pas d'où)	nga diku	[ŋa dikú]

premièrement (adv)	së pari	[sə pári]
deuxièmement (adv)	së dyti	[sə dýti]
troisièmement (adv)	së treti	[sə tréti]

soudain (adv)	befas	[béfas]
au début (adv)	në fillim	[nə fiɫím]
pour la première fois	për herë të parë	[pər hérə tə párə]
bien avant ...	shumë përpara ...	[ʃúmə pərpára ...]
de nouveau (adv)	sërish	[səríʃ]
pour toujours (adv)	një herë e mirë	[ɲə hérə ɛ mírə]

jamais (adv)	kurrë	[kúrə]
de nouveau, encore (adv)	përsëri	[pərsərí]
maintenant (adv)	tani	[táni]
souvent (adv)	shpesh	[ʃpɛʃ]
alors (adv)	atëherë	[atəhérə]
d'urgence (adv)	urgjent	[urɟént]
d'habitude (adv)	zakonisht	[zakoníʃt]

à propos, ...	meqë ra fjala, ...	[mécə ra fjála, ...]
c'est possible	ndoshta	[ndóʃta]
probablement (adv)	mundësisht	[mundəsíʃt]
peut-être (adv)	mbase	[mbásɛ]
en plus, ...	përveç	[pərvétʃ]
c'est pourquoi ...	ja përse ...	[ja pərsé ...]
malgré ...	pavarësisht se ...	[pavarəsíʃt sɛ ...]
grâce à ...	falë ...	[fálə ...]

quoi (pron)	çfarë	[tʃfárə]
que (conj)	që	[cə]
quelque chose (Il m'est arrivé ~)	diçka	[ditʃká]

| quelque chose (peut-on faire ~) | ndonji gjë | [ndoɲí ɉə] |
| rien (m) | asgjë | [asɉé] |

qui (pron)	kush	[kuʃ]
quelqu'un (on ne sait pas qui)	dikush	[dikúʃ]
quelqu'un (n'importe qui)	dikush	[dikúʃ]

| personne (pron) | askush | [askúʃ] |
| nulle part (aller ~) | askund | [askúnd] |

| de personne | i askujt | [i askújt] |
| de n'importe qui | i dikujt | [i dikújt] |

comme ça (adv)	aq	[ác]
également (adv)	gjithashtu	[ɉiθaʃtú]
aussi (adv)	gjithashtu	[ɉiθaʃtú]

6. Les mots-outils. Les adverbes. Partie 2

Pourquoi?	**Pse?**	[psɛ?]
pour une certaine raison	**për një arsye**	[pər ɲə arsýɛ]
parce que ...	**sepse ...**	[sɛpsé ...]
pour une raison quelconque	**për ndonjë shkak**	[pər ndóɲə ʃkak]

et (conj)	**dhe**	[ðɛ]
ou (conj)	**ose**	[ósɛ]
mais (conj)	**por**	[por]
pour ... (prep)	**për**	[pər]

trop (adv)	**tepër**	[tépər]
seulement (adv)	**vetëm**	[vétəm]
précisément (adv)	**pikërisht**	[pikəríʃt]
près de ... (prep)	**rreth**	[rɛθ]

approximativement	**përafërsisht**	[pərafərsíʃt]
approximatif (adj)	**përafërt**	[pəráfərt]
presque (adv)	**pothuajse**	[poθúajsɛ]
reste (m)	**mbetje** (f)	[mbétjɛ]

l'autre (adj)	**tjetri**	[tjétri]
autre (adj)	**tjetër**	[tjétər]
chaque (adj)	**çdo**	[tʃdo]
n'importe quel (adj)	**çfarëdo**	[tʃfarədó]
beaucoup de (dénombr.)	**disa**	[disá]
beaucoup de (indénombr.)	**shumë**	[ʃúmə]
plusieurs (pron)	**shumë njerëz**	[ʃúmə ɲérəz]
tous	**të gjithë**	[tə ɟíθə]

en échange de ...	**në vend të ...**	[nə vénd tə ...]
en échange (adv)	**në shkëmbim të ...**	[nə ʃkəmbím tə ...]
à la main (adv)	**me dorë**	[mɛ dórə]
peu probable (adj)	**vështirë se ...**	[vəʃtírə sɛ ...]

probablement (adv)	**mundësisht**	[mundəsíʃt]
exprès (adv)	**me qëllim**	[mɛ cətím]
par accident (adv)	**aksidentalisht**	[aksidɛntalíʃt]

très (adv)	**shumë**	[ʃúmə]
par exemple (adv)	**për shembull**	[pər ʃémbuł]
entre (prep)	**midis**	[midís]
parmi (prep)	**rreth**	[rɛθ]
autant (adv)	**kaq shumë**	[kác ʃúmə]
surtout (adv)	**veçanërisht**	[vɛtʃanəríʃt]

NOMBRES. DIVERS

7. Les nombres cardinaux. Partie 1

zéro	zero	[zéro]
un	një	[ɲə]
deux	dy	[dy]
trois	tre	[trɛ]
quatre	katër	[kátər]
cinq	pesë	[pésə]
six	gjashtë	[ʝáʃtə]
sept	shtatë	[ʃtátə]
huit	tetë	[tétə]
neuf	nëntë	[nəntə]
dix	dhjetë	[ðjétə]
onze	njëmbëdhjetë	[ɲəmbəðjétə]
douze	dymbëdhjetë	[dymbəðjétə]
treize	trembëdhjetë	[trɛmbəðjétə]
quatorze	katërmbëdhjetë	[katərmbəðjétə]
quinze	pesëmbëdhjetë	[pɛsəmbəðjétə]
seize	gjashtëmbëdhjetë	[ʝaʃtəmbəðjétə]
dix-sept	shtatëmbëdhjetë	[ʃtatəmbəðjétə]
dix-huit	tetëmbëdhjetë	[tɛtəmbəðjétə]
dix-neuf	nëntëmbëdhjetë	[nəntəmbəðjétə]
vingt	njëzet	[ɲəzét]
vingt et un	njëzet e një	[ɲəzét ɛ ɲə]
vingt-deux	njëzet e dy	[ɲəzét ɛ dy]
vingt-trois	njëzet e tre	[ɲəzét ɛ trɛ]
trente	tridhjetë	[triðjétə]
trente et un	tridhjetë e një	[triðjétə ɛ ɲə]
trente-deux	tridhjetë e dy	[triðjétə ɛ dy]
trente-trois	tridhjetë e tre	[triðjétə ɛ trɛ]
quarante	dyzet	[dyzét]
quarante et un	dyzet e një	[dyzét ɛ ɲə]
quarante-deux	dyzet e dy	[dyzét ɛ dy]
quarante-trois	dyzet e tre	[dyzét ɛ trɛ]
cinquante	pesëdhjetë	[pɛsəðjétə]
cinquante et un	pesëdhjetë e një	[pɛsəðjétə ɛ ɲə]
cinquante-deux	pesëdhjetë e dy	[pɛsəðjétə ɛ dy]
cinquante-trois	pesëdhjetë e tre	[pɛsəðjétə ɛ trɛ]
soixante	gjashtëdhjetë	[ʝaʃtəðjétə]
soixante et un	gjashtëdhjetë e një	[ʝaʃtəðjétə ɛ ɲə]

soixante-deux	gjashtëdhjetë e dy	[ʝaʃtəðjétə ɛ dý]
soixante-trois	gjashtëdhjetë e tre	[ʝaʃtəðjétə ɛ tré]
soixante-dix	shtatëdhjetë	[ʃtatəðjétə]
soixante et onze	shtatëdhjetë e një	[ʃtatəðjétə ɛ ɲə]
soixante-douze	shtatëdhjetë e dy	[ʃtatəðjétə ɛ dy]
soixante-treize	shtatëdhjetë e tre	[ʃtatəðjétə ɛ trɛ]
quatre-vingts	tetëdhjetë	[tɛtəðjétə]
quatre-vingt et un	tetëdhjetë e një	[tɛtəðjétə ɛ ɲə]
quatre-vingt deux	tetëdhjetë e dy	[tɛtəðjétə ɛ dy]
quatre-vingt trois	tetëdhjetë e tre	[tɛtəðjétə ɛ trɛ]
quatre-vingt-dix	nëntëdhjetë	[nəntəðjétə]
quatre-vingt et onze	nëntëdhjetë e një	[nəntəðjétə ɛ ɲə]
quatre-vingt-douze	nëntëdhjetë e dy	[nəntəðjétə ɛ dy]
quatre-vingt-treize	nëntëdhjetë e tre	[nəntəðjétə ɛ trɛ]

8. Les nombres cardinaux. Partie 2

cent	njëqind	[ɲəcínd]
deux cents	dyqind	[dycínd]
trois cents	treqind	[trɛcínd]
quatre cents	katërqind	[katərcínd]
cinq cents	pesëqind	[pɛsəcínd]
six cents	gjashtëqind	[ʝaʃtəcínd]
sept cents	shtatëqind	[ʃtatəcínd]
huit cents	tetëqind	[tɛtəcínd]
neuf cents	nëntëqind	[nəntəcínd]
mille	një mijë	[ɲə míjə]
deux mille	dy mijë	[dy míjə]
trois mille	tre mijë	[trɛ míjə]
dix mille	dhjetë mijë	[ðjétə míjə]
cent mille	njëqind mijë	[ɲəcínd míjə]
million (m)	milion (m)	[milión]
milliard (m)	miliardë (f)	[miliárdə]

9. Les nombres ordinaux

premier (adj)	i pari	[i pári]
deuxième (adj)	i dyti	[i dýti]
troisième (adj)	i treti	[i tréti]
quatrième (adj)	i katërti	[i kátərti]
cinquième (adj)	i pesti	[i pésti]
sixième (adj)	i gjashti	[i ʝáʃti]
septième (adj)	i shtati	[i ʃtáti]
huitième (adj)	i teti	[i téti]
neuvième (adj)	i nënti	[i nénti]
dixième (adj)	i dhjeti	[i ðjéti]

LES COULEURS. LES UNITÉS DE MESURE

10. Les couleurs

couleur (f)	**ngjyrë** (f)	[nɟýrə]
teinte (f)	**nuancë** (f)	[nuántsə]
ton (m)	**tonalitet** (m)	[tonalitét]
arc-en-ciel (m)	**ylber** (m)	[ylbér]
blanc (adj)	**e bardhë**	[ɛ bárðə]
noir (adj)	**e zezë**	[ɛ zézə]
gris (adj)	**gri**	[gri]
vert (adj)	**jeshile**	[jɛʃílɛ]
jaune (adj)	**e verdhë**	[ɛ vérðə]
rouge (adj)	**e kuqe**	[ɛ kúcɛ]
bleu (adj)	**blu**	[blu]
bleu clair (adj)	**bojëqielli**	[bojəciéɫi]
rose (adj)	**rozë**	[rózə]
orange (adj)	**portokalli**	[portokáɫi]
violet (adj)	**bojëvjollcë**	[bojəvjóɫtsə]
brun (adj)	**kafe**	[káfɛ]
d'or (adj)	**e artë**	[ɛ ártə]
argenté (adj)	**e argjendtë**	[ɛ arɟéndtə]
beige (adj)	**bezhë**	[béʒə]
crème (adj)	**krem**	[krɛm]
turquoise (adj)	**e bruztë**	[ɛ brúztə]
rouge cerise (adj)	**qershi**	[cɛrʃí]
lilas (adj)	**jargavan**	[jargaván]
framboise (adj)	**e kuqe e thellë**	[ɛ kúcɛ ɛ θéɫə]
clair (adj)	**e hapur**	[ɛ hápur]
foncé (adj)	**e errët**	[ɛ érət]
vif (adj)	**e ndritshme**	[ɛ ndrítʃmɛ]
de couleur (adj)	**e ngjyrosur**	[ɛ nɟyrósur]
en couleurs (adj)	**ngjyrë**	[nɟýrə]
noir et blanc (adj)	**bardhë e zi**	[bárðə ɛ zi]
unicolore (adj)	**njëngjyrëshe**	[nənɟýrəʃɛ]
multicolore (adj)	**shumëngjyrëshe**	[ʃumənɟýrəʃɛ]

11. Les unités de mesure

poids (m)	**peshë** (f)	[péʃə]
longueur (f)	**gjatësi** (f)	[ɟatəsí]

largeur (f)	gjerësi (f)	[ɟɛrəsí]
hauteur (f)	lartësi (f)	[lartəsí]
profondeur (f)	thellësi (f)	[θɛɫəsí]
volume (m)	vëllim (m)	[vəɫím]
aire (f)	sipërfaqe (f)	[sipərfácɛ]

gramme (m)	gram (m)	[gram]
milligramme (m)	miligram (m)	[miligrám]
kilogramme (m)	kilogram (m)	[kilográm]
tonne (f)	ton (m)	[ton]
livre (f)	paund (m)	[páund]
once (f)	ons (m)	[ons]

mètre (m)	metër (m)	[métər]
millimètre (m)	milimetër (m)	[milimétər]
centimètre (m)	centimetër (m)	[tsɛntimétər]
kilomètre (m)	kilometër (m)	[kilométər]
mille (m)	milje (f)	[míljɛ]

pouce (m)	inç (m)	[intʃ]
pied (m)	këmbë (f)	[kémbə]
yard (m)	jard (m)	[járd]

| mètre (m) carré | metër katror (m) | [métər katrór] |
| hectare (m) | hektar (m) | [hɛktár] |

litre (m)	litër (m)	[lítər]
degré (m)	gradë (f)	[grádə]
volt (m)	volt (m)	[volt]
ampère (m)	amper (m)	[ampér]
cheval-vapeur (m)	kuaj-fuqi (f)	[kúaj-fucí]

quantité (f)	sasi (f)	[sasí]
un peu de ...	pak ...	[pak ...]
moitié (f)	gjysmë (f)	[ɟýsmə]
douzaine (f)	dyzinë (f)	[dyzínə]
pièce (f)	copë (f)	[tsópə]

| dimension (f) | madhësi (f) | [maðəsí] |
| échelle (f) (de la carte) | shkallë (f) | [ʃkálə] |

minimal (adj)	minimale	[minimálɛ]
le plus petit (adj)	më i vogli	[mə i vógli]
moyen (adj)	i mesëm	[i mésəm]
maximal (adj)	maksimale	[maksimálɛ]
le plus grand (adj)	më i madhi	[mə i máði]

12. Les récipients

bocal (m) en verre	kavanoz (m)	[kavanóz]
boîte, canette (f)	kanoçe (f)	[kanótʃɛ]
seau (m)	kovë (f)	[kóvə]
tonneau (m)	fuçi (f)	[futʃí]
bassine, cuvette (f)	legen (m)	[lɛgén]

cuve (f)	tank (m)	[tank]
flasque (f)	faqore (f)	[facórɛ]
jerrican (m)	bidon (m)	[bidón]
citerne (f)	cisternë (f)	[tsistérnə]
tasse (f), mug (m)	tas (m)	[tas]
tasse (f)	filxhan (m)	[fildʒán]
soucoupe (f)	pjatë filxhani (f)	[pjátə fildʒáni]
verre (m) (~ d'eau)	gotë (f)	[gótə]
verre (m) à vin	gotë vere (f)	[gótə vérɛ]
faitout (m)	tenxhere (f)	[tɛndʒérɛ]
bouteille (f)	shishe (f)	[ʃíʃɛ]
goulot (m)	grykë	[grýkə]
carafe (f)	brokë (f)	[brókə]
pichet (m)	shtambë (f)	[ʃtámbə]
récipient (m)	enë (f)	[énə]
pot (m)	enë (f)	[énə]
vase (m)	vazo (f)	[vázo]
flacon (m)	shishe (f)	[ʃíʃɛ]
fiole (f)	shishkë (f)	[ʃíʃkə]
tube (m)	tubet (f)	[tubét]
sac (m) (grand ~)	thes (m)	[θɛs]
sac (m) (~ en plastique)	qese (f)	[césɛ]
paquet (m) (~ de cigarettes)	paketë (f)	[pakétə]
boîte (f)	kuti (f)	[kutí]
caisse (f)	arkë (f)	[árkə]
panier (m)	shportë (f)	[ʃpórtə]

LES VERBES LES PLUS IMPORTANTS

13. Les verbes les plus importants. Partie 1

aider (vt)	ndihmoj	[ndihmój]
aimer (qn)	dashuroj	[daʃurój]
aller (à pied)	ec në këmbë	[ɛts nə kémbə]
apercevoir (vt)	vërej	[vəréj]
appartenir à …	përkas …	[pərkás …]
appeler (au secours)	thërras	[θərás]
attendre (vt)	pres	[prɛs]
attraper (vt)	kap	[kap]
avertir (vt)	paralajmëroj	[paralajmərój]
avoir (vt)	kam	[kam]
avoir confiance	besoj	[bɛsój]
avoir faim	kam uri	[kam urí]
avoir peur	kam frikë	[kam fríkə]
avoir soif	kam etje	[kam étjɛ]
cacher (vt)	fsheh	[fʃéh]
casser (briser)	ndahem	[ndáhɛm]
cesser (vt)	ndaloj	[ndalój]
changer (vt)	ndryshoj	[ndryʃój]
chasser (animaux)	dal për gjah	[dál pər ɟáh]
chercher (vt)	kërkoj …	[kərkój …]
choisir (vt)	zgjedh	[zɟɛð]
commander (~ le menu)	porosis	[porosís]
commencer (vt)	filloj	[fiɫój]
comparer (vt)	krahasoj	[krahasój]
comprendre (vt)	kuptoj	[kuptój]
compter (dénombrer)	numëroj	[numərój]
compter sur …	mbështetem …	[mbəʃtétɛm …]
confondre (vt)	ngatërroj	[ŋatərój]
connaître (qn)	njoh	[ɲóh]
conseiller (vt)	këshilloj	[kəʃiɫój]
continuer (vt)	vazhdoj	[vaʒdój]
contrôler (vt)	kontrolloj	[kontroɫój]
courir (vi)	vrapoj	[vrapój]
coûter (vt)	kushton	[kuʃtón]
créer (vt)	krijoj	[krijój]
creuser (vt)	gërmoj	[gərmój]
crier (vi)	bërtas	[bərtás]

14. Les verbes les plus importants. Partie 2

décorer (~ la maison)	zbukuroj	[zbukurój]
défendre (vt)	mbroj	[mbrój]
déjeuner (vi)	ha drekë	[ha drékə]
demander (~ l'heure)	pyes	[pýɛs]
demander (de faire qch)	pyes	[pýɛs]
descendre (vi)	zbres	[zbrɛs]
deviner (vt)	hamendësoj	[hamɛndəsój]
dîner (vi)	ha darkë	[ha dárkə]
dire (vt)	them	[θɛm]
diriger (~ une usine)	drejtoj	[drɛjtój]
discuter (vt)	diskutoj	[diskutój]
donner (vt)	jap	[jap]
donner un indice	aludoj	[aludój]
douter (vt)	dyshoj	[dyʃój]
écrire (vt)	shkruaj	[ʃkrúaj]
entendre (bruit, etc.)	dëgjoj	[dəɟój]
entrer (vi)	hyj	[hyj]
envoyer (vt)	dërgoj	[dərgój]
espérer (vi)	shpresoj	[ʃprɛsój]
essayer (vt)	përpiqem	[pərpícɛm]
être (vi)	jam	[jam]
être d'accord	bie dakord	[bíɛ dakórd]
être nécessaire	nevojitet	[nɛvojítɛt]
être pressé	nxitoj	[ndzitój]
étudier (vt)	studioj	[studiój]
excuser (vt)	fal	[fal]
exiger (vt)	kërkoj	[kərkój]
exister (vi)	ekzistoj	[ɛkzistój]
expliquer (vt)	shpjegoj	[ʃpjɛgój]
faire (vt)	bëj	[bəj]
faire tomber	lëshoj	[ləʃój]
finir (vt)	përfundoj	[pərfundój]
garder (conserver)	mbaj	[mbáj]
gronder, réprimander (vt)	qortoj	[cortój]
informer (vt)	informoj	[infoɾmój]
insister (vi)	këmbëngul	[kəmbəŋúl]
insulter (vt)	fyej	[fýɛj]
inviter (vt)	ftoj	[ftoj]
jouer (s'amuser)	luaj	[lúaj]

15. Les verbes les plus importants. Partie 3

libérer (ville, etc.)	çliroj	[tʃlirój]
lire (vi, vt)	lexoj	[lɛdzój]

21

louer (prendre en location)	marr me qira	[mar mɛ cirá]
manquer (l'école)	humbas	[humbás]
menacer (vt)	kërcënoj	[kərtsənój]

mentionner (vt)	përmend	[pərménd]
montrer (vt)	tregoj	[trɛgój]
nager (vi)	notoj	[notój]
objecter (vt)	kundërshtoj	[kundərʃtój]
observer (vt)	vëzhgoj	[vəӡgój]

ordonner (mil.)	urdhëroj	[urðərój]
oublier (vt)	harroj	[harój]
ouvrir (vt)	hap	[hap]
pardonner (vt)	fal	[fal]
parler (vi, vt)	flas	[flas]

participer à ...	marr pjesë	[mar pjésə]
payer (régler)	paguaj	[pagúaj]
penser (vi, vt)	mendoj	[mɛndój]
permettre (vt)	lejoj	[lɛjój]
plaire (être apprécié)	pëlqej	[pəlcéj]

plaisanter (vi)	bëj shaka	[bəj ʃaká]
planifier (vt)	planifikoj	[planifikój]
pleurer (vi)	qaj	[caj]
posséder (vt)	zotëroj	[zotərój]
pouvoir (v aux)	mund	[mund]
préférer (vt)	preferoj	[prɛfɛrój]

prendre (vt)	marr	[mar]
prendre en note	mbaj shënim	[mbáj ʃəním]
prendre le petit déjeuner	ha mëngjes	[ha mənɟés]
préparer (le dîner)	gatuaj	[gatúaj]
prévoir (vt)	parashikoj	[paraʃikój]

prier (~ Dieu)	lutem	[lútɛm]
promettre (vt)	premtoj	[prɛmtój]
prononcer (vt)	shqiptoj	[ʃciptój]
proposer (vt)	propozoj	[propozój]
punir (vt)	ndëshkoj	[ndəʃkój]

16. Les verbes les plus importants. Partie 4

recommander (vt)	rekomandoj	[rɛkomandój]
regretter (vt)	pendohem	[pɛndóhɛm]
répéter (dire encore)	përsëris	[pərsərís]
répondre (vi, vt)	përgjigjem	[pərɟíɟɛm]
réserver (une chambre)	rezervoj	[rɛzɛrvój]

rester silencieux	hesht	[hɛʃt]
réunir (regrouper)	bashkoj	[baʃkój]
rire (vi)	qesh	[cɛʃ]
s'arrêter (vp)	ndaloj	[ndalój]
s'asseoir (vp)	ulem	[úlɛm]

sauver (la vie à qn)	shpëtoj	[ʃpətój]
savoir (qch)	di	[di]
se baigner (vp)	notoj	[notój]
se plaindre (vp)	ankohem	[ankóhɛm]
se refuser (vp)	refuzoj	[rɛfuzój]
se tromper (vp)	gaboj	[gabój]
se vanter (vp)	mburrem	[mbúrɛm]
s'étonner (vp)	çuditem	[tʃudítɛm]
s'excuser (vp)	kërkoj falje	[kərkój fáljɛ]
signer (vt)	nënshkruaj	[nənʃkrúaj]
signifier (vt)	nënkuptoj	[nənkuptój]
s'intéresser (vp)	interesohem ...	[intɛrɛsóhɛm ...]
sortir (aller dehors)	dal	[dal]
sourire (vi)	buzëqesh	[buzəcéʃ]
sous-estimer (vt)	nënvlerësoj	[nənvlɛrəsój]
suivre ... (suivez-moi)	ndjek ...	[ndjék ...]
tirer (vi)	qëlloj	[cətój]
tomber (vi)	bie	[bíɛ]
toucher (avec les mains)	prek	[prɛk]
tourner (~ à gauche)	kthej	[kθɛj]
traduire (vt)	përkthej	[pərkθéj]
travailler (vi)	punoj	[punój]
tromper (vt)	mashtroj	[maʃtrój]
trouver (vt)	gjej	[ɟéj]
tuer (vt)	vras	[vras]
vendre (vt)	shes	[ʃɛs]
venir (vi)	arrij	[aríj]
voir (vt)	shikoj	[ʃikój]
voler (avion, oiseau)	fluturoj	[fluturój]
voler (qch à qn)	vjedh	[vjɛð]
vouloir (vt)	dëshiroj	[dəʃirój]

LA NOTION DE TEMPS. LE CALENDRIER

17. Les jours de la semaine

lundi (m)	E hënë (f)	[ɛ hénə]
mardi (m)	E martë (f)	[ɛ mártə]
mercredi (m)	E mërkurë (f)	[ɛ mərkúrə]
jeudi (m)	E enjte (f)	[ɛ éɲtɛ]
vendredi (m)	E premte (f)	[ɛ prémtɛ]
samedi (m)	E shtunë (f)	[ɛ ʃtúnə]
dimanche (m)	E dielë (f)	[ɛ díɛlə]

aujourd'hui (adv)	sot	[sot]
demain (adv)	nesër	[nésər]
après-demain (adv)	pasnesër	[pasnésər]
hier (adv)	dje	[djé]
avant-hier (adv)	pardje	[pardjé]

jour (m)	ditë (f)	[dítə]
jour (m) ouvrable	ditë pune (f)	[dítə púnɛ]
jour (m) férié	festë kombëtare (f)	[féstə kombətárɛ]
jour (m) de repos	ditë pushim (m)	[dítə puʃím]
week-end (m)	fundjavë (f)	[fundjávə]

toute la journée	gjithë ditën	[ɟíθə dítən]
le lendemain	ditën pasardhëse	[dítən pasárðəsɛ]
il y a 2 jours	dy ditë më parë	[dy dítə mə párə]
la veille	një ditë më parë	[ɲə dítə mə párə]
quotidien (adj)	ditor	[ditór]
tous les jours	çdo ditë	[tʃdo dítə]

semaine (f)	javë (f)	[jávə]
la semaine dernière	javën e kaluar	[jávən ɛ kalúar]
la semaine prochaine	javën e ardhshme	[jávən ɛ árðʃmɛ]
hebdomadaire (adj)	javor	[javór]
chaque semaine	çdo javë	[tʃdo jávə]
2 fois par semaine	dy herë në javë	[dy hérə nə jávə]
tous les mardis	çdo të martë	[tʃdo tə mártə]

18. Les heures. Le jour et la nuit

matin (m)	mëngjes (m)	[mənɟés]
le matin	në mëngjes	[nə mənɟés]
midi (m)	mesditë (f)	[mɛsdítə]
dans l'après-midi	pasdite	[pasdítɛ]

soir (m)	mbrëmje (f)	[mbrémjɛ]
le soir	në mbrëmje	[nə mbrémjɛ]

nuit (f)	natë (f)	[nátə]
la nuit	natën	[nátən]
minuit (f)	mesnatë (f)	[mɛsnátə]

seconde (f)	sekondë (f)	[sɛkóndə]
minute (f)	minutë (f)	[minútə]
heure (f)	orë (f)	[órə]
demi-heure (f)	gjysmë ore (f)	[ɟýsmə órɛ]
un quart d'heure	çerek ore (m)	[tʃɛrék órɛ]
quinze minutes	pesëmbëdhjetë minuta	[pɛsəmbəðjétə minúta]
vingt-quatre heures	24 orë	[ɲəzét ɛ kátər órə]

lever (m) du soleil	agim (m)	[agím]
aube (f)	agim (m)	[agím]
point (m) du jour	mëngjes herët (m)	[məɲés hérət]
coucher (m) du soleil	perëndim dielli (m)	[pɛrəndím diéɬi]

tôt le matin	herët në mëngjes	[hérət nə məɲés]
ce matin	sot në mëngjes	[sot nə məɲés]
demain matin	nesër në mëngjes	[nésər nə məɲés]

cet après-midi	sot pasdite	[sot pasdítɛ]
dans l'après-midi	pasdite	[pasdítɛ]
demain après-midi	nesër pasdite	[nésər pasdítɛ]

ce soir	sonte në mbrëmje	[sóntɛ nə mbrəmjɛ]
demain soir	nesër në mbrëmje	[nésər nə mbrémjɛ]

à 3 heures précises	në orën 3 fiks	[nə órən trɛ fiks]
autour de 4 heures	rreth orës 4	[rɛθ órəs kátər]
vers midi	deri në orën 12	[déri nə órən dymbəðjétə]

dans 20 minutes	për 20 minuta	[pər ɲəzét minúta]
dans une heure	për një orë	[pər ɲə órə]
à temps	në orar	[nə orár]

... moins le quart	çerek ...	[tʃɛrék ...]
en une heure	brenda një ore	[brénda ɲə órɛ]
tous les quarts d'heure	çdo 15 minuta	[tʃdo pɛsəmbəðjétə minúta]
24 heures sur 24	gjithë ditën	[ɟíθə dítən]

19. Les mois. Les saisons

janvier (m)	Janar (m)	[janár]
février (m)	Shkurt (m)	[ʃkurt]
mars (m)	Mars (m)	[mars]
avril (m)	Prill (m)	[priɬ]
mai (m)	Maj (m)	[maj]
juin (m)	Qershor (m)	[cɛrʃór]

juillet (m)	Korrik (m)	[korík]
août (m)	Gusht (m)	[guʃt]
septembre (m)	Shtator (m)	[ʃtatór]
octobre (m)	Tetor (m)	[tɛtór]

novembre (m)	Nëntor (m)	[nəntór]
décembre (m)	Dhjetor (m)	[ðjɛtór]
printemps (m)	pranverë (f)	[pranvérə]
au printemps	në pranverë	[nə pranvérə]
de printemps (adj)	pranveror	[pranvɛrór]
été (m)	verë (f)	[vérə]
en été	në verë	[nə vérə]
d'été (adj)	veror	[vɛrór]
automne (m)	vjeshtë (f)	[vjéʃtə]
en automne	në vjeshtë	[nə vjéʃtə]
d'automne (adj)	vjeshtor	[vjéʃtor]
hiver (m)	dimër (m)	[dímər]
en hiver	në dimër	[nə dímər]
d'hiver (adj)	dimëror	[dimərór]
mois (m)	muaj (m)	[múaj]
ce mois	këtë muaj	[kətə múaj]
le mois prochain	muajin tjetër	[múajin tjétər]
le mois dernier	muajin e kaluar	[múajin ɛ kalúar]
il y a un mois	para një muaji	[pára ɲə múaji]
dans un mois	pas një muaji	[pas ɲə múaji]
dans 2 mois	pas dy muajsh	[pas dy múajʃ]
tout le mois	gjithë muajin	[ɟíθə múajin]
tout un mois	gjatë gjithë muajit	[ɟátə ɟíθə múajit]
mensuel (adj)	mujor	[mujór]
mensuellement	mujor	[mujór]
chaque mois	çdo muaj	[tʃdo múaj]
2 fois par mois	dy herë në muaj	[dy hérə nə múaj]
année (f)	vit (m)	[vit]
cette année	këtë vit	[kətə vít]
l'année prochaine	vitin tjetër	[vítin tjétər]
l'année dernière	vitin e kaluar	[vítin ɛ kalúar]
il y a un an	para një viti	[pára ɲə víti]
dans un an	për një vit	[pər ɲə vit]
dans 2 ans	për dy vite	[pər dy vítɛ]
toute l'année	gjithë vitin	[ɟíθə vítin]
toute une année	gjatë gjithë vitit	[ɟátə ɟíθə vítit]
chaque année	çdo vit	[tʃdo vít]
annuel (adj)	vjetor	[vjɛtór]
annuellement	çdo vit	[tʃdo vít]
4 fois par an	4 herë në vit	[kátər hérə nə vit]
date (f) (jour du mois)	datë (f)	[dátə]
date (f) (~ mémorable)	data (f)	[dáta]
calendrier (m)	kalendar (m)	[kalɛndár]
six mois	gjysmë viti	[ɟýsmə víti]
semestre (m)	gjashtë muaj	[ɟáʃtə múaj]

saison (f)	**stinë** (f)	[stínə]
siècle (m)	**shekull** (m)	[ʃékuɫ]

LES VOYAGES. L'HÔTEL

20. Les voyages. Les excursions

tourisme (m)	turizëm (m)	[turízəm]
touriste (m)	turist (m)	[turíst]
voyage (m) (à l'étranger)	udhëtim (m)	[uðətím]
aventure (f)	aventurë (f)	[avɛntúrə]
voyage (m)	udhëtim (m)	[uðətím]
vacances (f pl)	pushim (m)	[puʃím]
être en vacances	jam me pushime	[jam mɛ puʃímɛ]
repos (m) (jours de ~)	pushim (m)	[puʃím]
train (m)	tren (m)	[trɛn]
en train	me tren	[mɛ trén]
avion (m)	avion (m)	[avión]
en avion	me avion	[mɛ avión]
en voiture	me makinë	[mɛ makínə]
en bateau	me anije	[mɛ aníjɛ]
bagage (m)	bagazh (m)	[bagáʒ]
malle (f)	valixhe (f)	[valídʒɛ]
chariot (m)	karrocë bagazhesh (f)	[karótsə bagáʒɛʃ]
passeport (m)	pasaportë (f)	[pasapórtə]
visa (m)	vizë (f)	[vízə]
ticket (m)	biletë (f)	[bilétə]
billet (m) d'avion	biletë avioni (f)	[bilétə avióni]
guide (m) (livre)	guidë turistike (f)	[guídə turistíkɛ]
carte (f)	hartë (f)	[hártə]
région (f) (~ rurale)	zonë (f)	[zónə]
endroit (m)	vend (m)	[vɛnd]
exotisme (m)	ekzotikë (f)	[ɛkzotíkə]
exotique (adj)	ekzotik	[ɛkzotík]
étonnant (adj)	mahnitëse	[mahnítəsɛ]
groupe (m)	grup (m)	[grup]
excursion (f)	ekskursion (m)	[ɛkskursión]
guide (m) (personne)	udhërrëfyes (m)	[uðərəfýɛs]

21. L'hôtel

hôtel (m), auberge (f)	hotel (m)	[hotél]
motel (m)	motel (m)	[motél]
3 étoiles	me tre yje	[mɛ trɛ ýjɛ]

5 étoiles	**me pesë yje**	[mɛ pésə ýjɛ]
descendre (à l'hôtel)	**qëndroj**	[cəndrój]
chambre (f)	**dhomë** (f)	[ðómə]
chambre (f) simple	**dhomë teke** (f)	[ðómə tékɛ]
chambre (f) double	**dhomë dyshe** (f)	[ðómə dýʃɛ]
réserver une chambre	**rezervoj një dhomë**	[rɛzɛrvój ɲə ðómə]
demi-pension (f)	**gjysmë-pension** (m)	[ɟýsmə-pɛnsión]
pension (f) complète	**pension i plotë** (m)	[pɛnsión i plótə]
avec une salle de bain	**me banjo**	[mɛ báɲo]
avec une douche	**me dush**	[mɛ dúʃ]
télévision (f) par satellite	**televizor satelitor** (m)	[tɛlɛvizór satɛlitór]
climatiseur (m)	**kondicioner** (m)	[konditsionér]
serviette (f)	**peshqir** (m)	[pɛʃcír]
clé (f)	**çelës** (m)	[tʃéləs]
administrateur (m)	**administrator** (m)	[administratór]
femme (f) de chambre	**pastruese** (f)	[pastrúɛsɛ]
porteur (m)	**portier** (m)	[portiér]
portier (m)	**portier** (m)	[portiér]
restaurant (m)	**restorant** (m)	[rɛstoránt]
bar (m)	**pab** (m), **pijetore** (f)	[pab], [pijɛtórɛ]
petit déjeuner (m)	**mëngjes** (m)	[məɲɟés]
dîner (m)	**darkë** (f)	[dárkə]
buffet (m)	**bufe** (f)	[bufé]
hall (m)	**holl** (m)	[hoɫ]
ascenseur (m)	**ashensor** (m)	[aʃɛnsór]
PRIÈRE DE NE PAS DÉRANGER	**MOS SHQETËSONI**	[mos ʃcɛtəsóni]
DÉFENSE DE FUMER	**NDALOHET DUHANI**	[ndalóhɛt duháni]

22. Le tourisme

monument (m)	**monument** (m)	[monumént]
forteresse (f)	**kala** (f)	[kalá]
palais (m)	**pallat** (m)	[paɫát]
château (m)	**kështjellë** (f)	[kəʃtjéɫə]
tour (f)	**kullë** (f)	[kúɫə]
mausolée (m)	**mauzoleum** (m)	[mauzolɛúm]
architecture (f)	**arkitekturë** (f)	[arkitɛktúrə]
médiéval (adj)	**mesjetare**	[mɛsjɛtárɛ]
ancien (adj)	**e lashtë**	[ɛ láʃtə]
national (adj)	**kombëtare**	[kombətárɛ]
connu (adj)	**i famshëm**	[i fámʃəm]
touriste (m)	**turist** (m)	[turíst]
guide (m) (personne)	**udhërrëfyes** (m)	[uðərəfýɛs]
excursion (f)	**ekskursion** (m)	[ɛkskursión]

montrer (vt)	**tregoj**	[trɛgój]
raconter (une histoire)	**dëftoj**	[dəftój]
trouver (vt)	**gjej**	[ɟéj]
se perdre (vp)	**humbas**	[humbás]
plan (m) (du metro, etc.)	**hartë** (f)	[hártə]
carte (f) (de la ville, etc.)	**hartë** (f)	[hártə]
souvenir (m)	**suvenir** (m)	[suvɛnír]
boutique (f) de souvenirs	**dyqan dhuratash** (m)	[dycán ðurátaʃ]
prendre en photo	**bëj foto**	[bəj fóto]
se faire prendre en photo	**bëj fotografi**	[bəj fotografí]

LES TRANSPORTS

23. L'aéroport

aéroport (m)	aeroport (m)	[aɛropórt]
avion (m)	avion (m)	[avión]
compagnie (f) aérienne	kompani ajrore (f)	[kompaní ajrórɛ]
contrôleur (m) aérien	kontroll i trafikut ajror (m)	[kontróɫ i trafíkut ajrór]
départ (m)	nisje (f)	[nísjɛ]
arrivée (f)	arritje (f)	[arítjɛ]
arriver (par avion)	arrij me avion	[aríj mɛ avión]
temps (m) de départ	nisja (f)	[nísja]
temps (m) d'arrivée	arritja (f)	[arítja]
être retardé	vonesë	[vonésə]
retard (m) de l'avion	vonesë avioni (f)	[vonésə avióni]
tableau (m) d'informations	ekrani i informacioneve (m)	[ɛkráni i informatsiónɛvɛ]
information (f)	informacion (m)	[informatsión]
annoncer (vt)	njoftoj	[ɲoftój]
vol (m)	fluturim (m)	[fluturím]
douane (f)	doganë (f)	[dogánə]
douanier (m)	doganier (m)	[doganiér]
déclaration (f) de douane	deklarim doganor (m)	[dɛklarím doganór]
remplir (vt)	plotësoj	[plotəsój]
remplir la déclaration	plotësoj deklaratën	[plotəsój dɛklarátən]
contrôle (m) de passeport	kontroll pasaportash (m)	[kontróɫ pasapórtaʃ]
bagage (m)	bagazh (m)	[bagáʒ]
bagage (m) à main	bagazh dore (m)	[bagáʒ dórɛ]
chariot (m)	karrocë bagazhesh (f)	[karótsə bagáʒɛʃ]
atterrissage (m)	aterrim (m)	[atɛrím]
piste (f) d'atterrissage	pistë aterrimi (f)	[pístə atɛrími]
atterrir (vi)	aterroj	[atɛrój]
escalier (m) d'avion	shkallë avioni (f)	[ʃkáɫə avióni]
enregistrement (m)	regjistrim (m)	[rɛɟistrím]
comptoir (m) d'enregistrement	sportel regjistrimi (m)	[sportél rɛɟistrími]
s'enregistrer (vp)	regjistrohem	[rɛɟistróhɛm]
carte (f) d'embarquement	biletë e hyrjes (f)	[bilétə ɛ hýrjɛs]
porte (f) d'embarquement	porta e nisjes (f)	[pórta ɛ nísjɛs]
transit (m)	transit (m)	[transít]
attendre (vt)	pres	[prɛs]
salle (f) d'attente	salla e nisjes (f)	[sáɫa ɛ nísjɛs]

| raccompagner (à l'aéroport, etc.) | përcjell | [pərtsjéɬ] |
| dire au revoir | përshëndetem | [pərʃəndétɛm] |

24. L'avion

avion (m)	avion (m)	[avión]
billet (m) d'avion	biletë avioni (f)	[bilétə avióni]
compagnie (f) aérienne	kompani ajrore (f)	[kompaní ajróɾɛ]
aéroport (m)	aeroport (m)	[aɛropórt]
supersonique (adj)	supersonik	[supɛrsoník]

commandant (m) de bord	kapiten (m)	[kapitén]
équipage (m)	ekip (m)	[ɛkíp]
pilote (m)	pilot (m)	[pilót]
hôtesse (f) de l'air	stjuardesë (f)	[stjuardésə]
navigateur (m)	navigues (m)	[navigúɛs]

ailes (f pl)	krahë (pl)	[kráhə]
queue (f)	bisht (m)	[biʃt]
cabine (f)	kabinë (f)	[kabínə]
moteur (m)	motor (m)	[motóɾ]

| train (m) d'atterrissage | karrel (m) | [karél] |
| turbine (f) | turbinë (f) | [turbínə] |

| hélice (f) | helikë (f) | [hɛlíkə] |
| boîte (f) noire | kuti e zezë (f) | [kutí ɛ zézə] |

| gouvernail (m) | timon (m) | [timón] |
| carburant (m) | karburant (m) | [karburánt] |

consigne (f) de sécurité	udhëzime sigurie (pl)	[uðəzímɛ siguríɛ]
masque (m) à oxygène	maskë oksigjeni (f)	[máskə oksiɟéni]
uniforme (m)	uniformë (f)	[unifórmə]

| gilet (m) de sauvetage | jelek shpëtimi (m) | [jɛlék ʃpətími] |
| parachute (m) | parashutë (f) | [paraʃútə] |

décollage (m)	ngritje (f)	[ŋrítjɛ]
décoller (vi)	fluturon	[fluturón]
piste (f) de décollage	pista e fluturimit (f)	[písta ɛ fluturímit]

| visibilité (f) | shikueshmëri (f) | [ʃikuɛʃmərí] |
| vol (m) (~ d'oiseau) | fluturim (m) | [fluturím] |

| altitude (f) | lartësi (f) | [lartəsí] |
| trou (m) d'air | xhep ajri (m) | [dʒɛp ájri] |

place (f)	karrige (f)	[karígɛ]
écouteurs (m pl)	kufje (f)	[kúfjɛ]
tablette (f)	tabaka (f)	[tabaká]
hublot (m)	dritare avioni (f)	[dritáɾɛ avióni]
couloir (m)	korridor (m)	[koridóɾ]

25. Le train

train (m)	tren (m)	[trɛn]
train (m) de banlieue	tren elektrik (m)	[trɛn ɛlɛktrík]
TGV (m)	tren ekspres (m)	[trɛn ɛksprés]
locomotive (f) diesel	lokomotivë me naftë (f)	[lokomótivə mɛ náftə]
locomotive (f) à vapeur	lokomotivë me avull (f)	[lokomótivə mɛ ávuɫ]
wagon (m)	vagon (m)	[vagón]
wagon-restaurant (m)	vagon restorant (m)	[vagón rɛstoránt]
rails (m pl)	shina (pl)	[ʃína]
chemin (m) de fer	hekurudhë (f)	[hɛkurúðə]
traverse (f)	traversë (f)	[travérsə]
quai (m)	platformë (f)	[platfórmə]
voie (f)	binar (m)	[binár]
sémaphore (m)	semafor (m)	[sɛmafór]
station (f)	stacion (m)	[statsión]
conducteur (m) de train	makinist (m)	[makiníst]
porteur (m)	portier (m)	[portiér]
steward (m)	konduktor (m)	[konduktór]
passager (m)	pasagjer (m)	[pasaɟér]
contrôleur (m) de billets	konduktor (m)	[konduktór]
couloir (m)	korridor (m)	[koridór]
frein (m) d'urgence	frena urgjence (f)	[fréna urɟéntsɛ]
compartiment (m)	ndarje (f)	[ndárjɛ]
couchette (f)	kat (m)	[kat]
couchette (f) d'en haut	kati i sipërm (m)	[káti i sípərm]
couchette (f) d'en bas	kati i poshtëm (m)	[káti i póʃtəm]
linge (m) de lit	shtroje shtrati (pl)	[ʃtrójɛ ʃtráti]
ticket (m)	biletë (f)	[bilétə]
horaire (m)	orar (m)	[orár]
tableau (m) d'informations	tabelë e informatave (f)	[tabélə ɛ informátavɛ]
partir (vi)	niset	[nísɛt]
départ (m) (du train)	nisje (f)	[nísjɛ]
arriver (le train)	arrij	[aríj]
arrivée (f)	arritje (f)	[arítjɛ]
arriver en train	arrij me tren	[aríj mɛ trɛn]
prendre le train	hip në tren	[hip nə trén]
descendre du train	zbres nga treni	[zbrɛs ŋa tréni]
accident (m) ferroviaire	aksident hekurudhor (m)	[aksidént hɛkuruðór]
dérailler (vi)	del nga shinat	[dɛl ŋa ʃínat]
locomotive (f) à vapeur	lokomotivë me avull (f)	[lokomótivə mɛ ávuɫ]
chauffeur (m)	mbikëqyrës i zjarrit (m)	[mbikəcýrəs i zjárit]
chauffe (f)	furrë (f)	[fúrə]
charbon (m)	qymyr (m)	[cymýr]

26. Le bateau

bateau (m)	anije (f)	[aníjɛ]
navire (m)	mjet lundrues (m)	[mjét lundrúɛs]
bateau (m) à vapeur	anije me avull (f)	[aníjɛ mɛ ávuɫ]
paquebot (m)	anije lumi (f)	[aníjɛ lúmi]
bateau (m) de croisière	krocierë (f)	[krotsiérə]
croiseur (m)	anije luftarake (f)	[aníjɛ luftarákɛ]
yacht (m)	jaht (m)	[jáht]
remorqueur (m)	anije rimorkiuese (f)	[aníjɛ rimorkiúɛsɛ]
péniche (f)	anije transportuese (f)	[aníjɛ transportúɛsɛ]
ferry (m)	traget (m)	[tragét]
voilier (m)	anije me vela (f)	[aníjɛ mɛ véla]
brigantin (m)	brigantinë (f)	[brigantínə]
brise-glace (m)	akullthyese (f)	[akuɫθýɛsɛ]
sous-marin (m)	nëndetëse (f)	[nəndétəsɛ]
canot (m) à rames	barkë (f)	[bárkə]
dinghy (m)	gomone (f)	[gomónɛ]
canot (m) de sauvetage	varkë shpëtimi (f)	[várkə ʃpətími]
canot (m) à moteur	skaf (m)	[skaf]
capitaine (m)	kapiten (m)	[kapitén]
matelot (m)	marinar (m)	[marinár]
marin (m)	marinar (m)	[marinár]
équipage (m)	ekip (m)	[ɛkíp]
maître (m) d'équipage	kryemarinar (m)	[kryɛmarinár]
mousse (m)	djali i anijes (m)	[djáli i aníjɛs]
cuisinier (m) du bord	kuzhinier (m)	[kuʒiniér]
médecin (m) de bord	doktori i anijes (m)	[doktóri i aníjɛs]
pont (m)	kuverta (f)	[kuvérta]
mât (m)	direk (m)	[dirék]
voile (f)	vela (f)	[véla]
cale (f)	bagazh (m)	[bagáʒ]
proue (f)	harku sipëror (m)	[hárku sipərór]
poupe (f)	pjesa e pasme (f)	[pjésa ɛ pásmɛ]
rame (f)	rrem (m)	[rɛm]
hélice (f)	helikë (f)	[hɛlíkə]
cabine (f)	kabinë (f)	[kabínə]
carré (m) des officiers	zyrë e oficerëve (m)	[zýrə ɛ ofitsérəvɛ]
salle (f) des machines	salla e motorit (m)	[sáɫa ɛ motórit]
passerelle (f)	urë komanduese (f)	[úrə komandúɛsɛ]
cabine (f) de T.S.F.	kabina radiotelegrafike (f)	[kabína radiotɛlɛgrafíkɛ]
onde (f)	valë (f)	[válə]
journal (m) de bord	libri i shënimeve (m)	[líbri i ʃənímɛvɛ]
longue-vue (f)	dylbi (f)	[dylbí]
cloche (f)	këmbanë (f)	[kəmbánə]

pavillon (m)	flamur (m)	[flamúr]
grosse corde (f) tressée	pallamar (m)	[paɬamár]
nœud (m) marin	nyjë (f)	[nýjə]

| rampe (f) | parmakë (pl) | [parmákə] |
| passerelle (f) | shkallë (f) | [ʃkáɬə] |

ancre (f)	spirancë (f)	[spirántsə]
lever l'ancre	ngre spirancën	[ŋré spirántsən]
jeter l'ancre	hedh spirancën	[hɛð spirántsən]
chaîne (f) d'ancrage	zinxhir i spirancës (m)	[zindʒír i spirántsəs]

port (m)	port (m)	[port]
embarcadère (m)	skelë (f)	[skélə]
accoster (vi)	ankoroj	[ankorój]
larguer les amarres	niset	[nísɛt]

voyage (m) (à l'étranger)	udhëtim (m)	[uðətím]
croisière (f)	udhëtim me krocierë (f)	[uðətím mɛ krotsiérə]
cap (m) (suivre un ~)	kursi i udhëtimit (m)	[kúrsi i uðətímit]
itinéraire (m)	itinerar (m)	[itinɛrár]

chenal (m)	ujëra të lundrueshme (f)	[újəra tə lundrúɛʃmɛ]
bas-fond (m)	cekëtinë (f)	[tsɛkətínə]
échouer sur un bas-fond	bllokohet në rërë	[bɬokóhɛt nə rərə]

tempête (f)	stuhi (f)	[stuhí]
signal (m)	sinjal (m)	[siɲál]
sombrer (vi)	fundoset	[fundósɛt]
Un homme à la mer!	Njeri në det!	[ɲɛrí nə dɛt!]
SOS (m)	SOS (m)	[sos]
bouée (f) de sauvetage	bovë shpëtuese (f)	[bóvə ʃpətúɛsɛ]

LA VILLE

27. Les transports en commun

autobus (m)	autobus (m)	[autobús]
tramway (m)	tramvaj (m)	[tramváj]
trolleybus (m)	autobus tramvaj (m)	[autobús tramváj]
itinéraire (m)	itinerar (m)	[itinɛrár]
numéro (m)	numër (m)	[númər]
prendre ...	udhëtoj me ...	[uðətój mɛ ...]
monter (dans l'autobus)	hip	[hip]
descendre de ...	zbres ...	[zbrɛs ...]
arrêt (m)	stacion (m)	[statsión]
arrêt (m) prochain	stacioni tjetër (m)	[statsióni tjétər]
terminus (m)	terminal (m)	[tɛrminál]
horaire (m)	orar (m)	[orár]
attendre (vt)	pres	[prɛs]
ticket (m)	biletë (f)	[bilétə]
prix (m) du ticket	çmim bilete (m)	[tʃmím bilétɛ]
caissier (m)	shitës biletash (m)	[ʃítəs bilétaʃ]
contrôle (m) des tickets	kontroll biletash (m)	[kontrółt bilétaʃ]
contrôleur (m)	kontrollues biletash (m)	[kontrołúɛs bilétaʃ]
être en retard	vonohem	[vonóhɛm]
rater (~ le train)	humbas	[humbás]
se dépêcher	nxitoj	[ndzitój]
taxi (m)	taksi (m)	[táksi]
chauffeur (m) de taxi	shofer taksie (m)	[ʃofér taksíɛ]
en taxi	me taksi	[mɛ táksi]
arrêt (m) de taxi	stacion taksish (m)	[statsión táksiʃ]
appeler un taxi	thërras taksi	[θərás táksi]
prendre un taxi	marr taksi	[mar táksi]
trafic (m)	trafik (m)	[trafík]
embouteillage (m)	bllokim trafiku (m)	[błokím trafíku]
heures (f pl) de pointe	orë e trafikut të rëndë (f)	[órə ɛ trafíkut tə rəndə]
se garer (vp)	parkoj	[parkój]
garer (vt)	parkim	[parkím]
parking (m)	parking (m)	[parkíŋ]
métro (m)	metro (f)	[mɛtró]
station (f)	stacion (m)	[statsión]
prendre le métro	shkoj me metro	[ʃkoj mɛ métro]
train (m)	tren (m)	[trɛn]
gare (f)	stacion treni (m)	[statsión tréni]

28. La ville. La vie urbaine

ville (f)	qytet (m)	[cytét]
capitale (f)	kryeqytet (m)	[kryɛcytét]
village (m)	fshat (m)	[fʃát]
plan (m) de la ville	hartë e qytetit (f)	[hártə ɛ cytétit]
centre-ville (m)	qendër e qytetit (f)	[céndər ɛ cytétit]
banlieue (f)	periferi (f)	[pɛrifɛrí]
de banlieue (adj)	periferik	[pɛrifɛrík]
périphérie (f)	periferia (f)	[pɛrifɛría]
alentours (m pl)	periferia (f)	[pɛrifɛría]
quartier (m)	bllok pallatesh (m)	[bɫók paɫátɛʃ]
quartier (m) résidentiel	bllok banimi (m)	[bɫók baními]
trafic (m)	trafik (m)	[trafík]
feux (m pl) de circulation	semafor (m)	[sɛmafór]
transport (m) urbain	transport publik (m)	[transpórt publík]
carrefour (m)	kryqëzim (m)	[krycəzím]
passage (m) piéton	kalim për këmbësorë (m)	[kalím pər kəmbəsórə]
passage (m) souterrain	nënkalim për këmbësorë (m)	[nənkalím pər kəmbəsórə]
traverser (vt)	kapërcej	[kapərtséj]
piéton (m)	këmbësor (m)	[kəmbəsór]
trottoir (m)	trotuar (m)	[trotuár]
pont (m)	urë (f)	[úrə]
quai (m)	breg lumi (m)	[brɛg lúmi]
fontaine (f)	shatërvan (m)	[ʃatərván]
allée (f)	rrugëz (m)	[rúgəz]
parc (m)	park (m)	[park]
boulevard (m)	bulevard (m)	[bulɛvárd]
place (f)	shesh (m)	[ʃɛʃ]
avenue (f)	bulevard (m)	[bulɛvárd]
rue (f)	rrugë (f)	[rúgə]
ruelle (f)	rrugë dytësore (f)	[rúgə dytəsórɛ]
impasse (f)	rrugë pa krye (f)	[rúgə pa krýɛ]
maison (f)	shtëpi (f)	[ʃtəpí]
édifice (m)	ndërtesë (f)	[ndərtésə]
gratte-ciel (m)	qiellgërvishtës (m)	[ciɛɫgərvíʃtəs]
façade (f)	fasadë (f)	[fasádə]
toit (m)	çati (f)	[tʃatí]
fenêtre (f)	dritare (f)	[dritárɛ]
arc (m)	hark (m)	[hárk]
colonne (f)	kolonë (f)	[kolónə]
coin (m)	kënd (m)	[kónd]
vitrine (f)	vitrinë (f)	[vitrínə]
enseigne (f)	tabelë (f)	[tabélə]
affiche (f)	poster (m)	[postér]
affiche (f) publicitaire	afishe reklamuese (f)	[afíʃɛ rɛklamúɛsɛ]

panneau-réclame (m)	tabelë reklamash (f)	[tabéla rɛklámaʃ]
ordures (f pl)	plehra (f)	[pléhra]
poubelle (f)	kosh plehrash (m)	[koʃ pléhraʃ]
jeter à terre	hedh mbeturina	[hɛð mbɛturína]
décharge (f)	deponi plehrash (f)	[dɛponí pléhraʃ]

cabine (f) téléphonique	kabinë telefonike (f)	[kabína tɛlɛfoníkɛ]
réverbère (m)	shtyllë dritash (f)	[ʃtýɫa drítaʃ]
banc (m)	stol (m)	[stol]

policier (m)	polic (m)	[políts]
police (f)	polici (f)	[politsí]
clochard (m)	lypës (m)	[lýpas]
sans-abri (m)	i pastrehë (m)	[i pastréha]

29. Les institutions urbaines

magasin (m)	dyqan (m)	[dycán]
pharmacie (f)	farmaci (f)	[farmatsí]
opticien (m)	optikë (f)	[optíka]
centre (m) commercial	qendër tregtare (f)	[céndar trɛgtárɛ]
supermarché (m)	supermarket (m)	[supɛrmarkét]

boulangerie (f)	furrë (f)	[fúra]
boulanger (m)	furrtar (m)	[furtár]
pâtisserie (f)	pastiçeri (f)	[pastitʃɛrí]
épicerie (f)	dyqan ushqimor (m)	[dycán uʃcimór]
boucherie (f)	dyqan mishi (m)	[dycán míʃi]

| magasin (m) de légumes | dyqan fruta-perimesh (m) | [dycán frúta-pɛrímɛʃ] |
| marché (m) | treg (m) | [trɛg] |

salon (m) de café	kafene (f)	[kafɛné]
restaurant (m)	restorant (m)	[rɛstoránt]
brasserie (f)	pab (m), pijetore (f)	[pab], [pijɛtórɛ]
pizzeria (f)	piceri (f)	[pitsɛrí]

salon (m) de coiffure	parukeri (f)	[parukɛrí]
poste (f)	zyrë postare (f)	[zýra postárɛ]
pressing (m)	pastrim kimik (m)	[pastrím kimík]
atelier (m) de photo	studio fotografike (f)	[stúdio fotografíkɛ]

magasin (m) de chaussures	dyqan këpucësh (m)	[dycán kapútsaʃ]
librairie (f)	librari (f)	[librarí]
magasin (m) d'articles de sport	dyqan me mallra sportivë (m)	[dycán mɛ máɫra sportívɛ]

atelier (m) de retouche	rrobaqepësi (f)	[robacɛpasí]
location (f) de vêtements	dyqan veshjesh me qira (m)	[dycán véʃjɛʃ mɛ cirá]
location (f) de films	dyqan videosh me qira (m)	[dycán vídɛoʃ mɛ cirá]

cirque (m)	cirk (m)	[tsírk]
zoo (m)	kopsht zoologjik (m)	[kópʃt zooloɟík]
cinéma (m)	kinema (f)	[kinɛmá]

| musée (m) | muze (m) | [muzé] |
| bibliothèque (f) | bibliotekë (f) | [bibliotékə] |

théâtre (m)	teatër (m)	[tɛátər]
opéra (m)	opera (f)	[opéra]
boîte (f) de nuit	klub nate (m)	[klúb nátɛ]
casino (m)	kazino (f)	[kazíno]

mosquée (f)	xhami (f)	[dʒamí]
synagogue (f)	sinagogë (f)	[sinagógə]
cathédrale (f)	katedrale (f)	[katɛdrálɛ]
temple (m)	tempull (m)	[témpuɫ]
église (f)	kishë (f)	[kíʃə]

institut (m)	kolegj (m)	[koléɟ]
université (f)	universitet (m)	[univɛrsitét]
école (f)	shkollë (f)	[ʃkóɫə]

préfecture (f)	prefekturë (f)	[prɛfɛktúrə]
mairie (f)	bashki (f)	[baʃkí]
hôtel (m)	hotel (m)	[hotél]
banque (f)	bankë (f)	[bánkə]

ambassade (f)	ambasadë (f)	[ambasádə]
agence (f) de voyages	agjenci udhëtimesh (f)	[aɟɛntsí uðətímɛʃ]
bureau (m) d'information	zyrë informacioni (f)	[zýrə informatsióni]
bureau (m) de change	këmbim valutor (m)	[kəmbím valutór]

| métro (m) | metro (f) | [mɛtró] |
| hôpital (m) | spital (m) | [spitál] |

| station-service (f) | pikë karburanti (f) | [píkə karburánti] |
| parking (m) | parking (m) | [parkíŋ] |

30. Les enseignes. Les panneaux

enseigne (f)	tabelë (f)	[tabélə]
pancarte (f)	njoftim (m)	[ɲoftím]
poster (m)	poster (m)	[postér]
indicateur (m) de direction	tabelë drejtuese (f)	[tabélə drɛjtúɛsɛ]
flèche (f)	shigjetë (f)	[ʃiɟétə]

avertissement (m)	kujdes (m)	[kujdés]
panneau d'avertissement	shenjë paralajmëruese (f)	[ʃéɲə paralajmərúɛsɛ]
avertir (vt)	paralajmëroj	[paralajmərój]

jour (m) de repos	ditë pushimi (f)	[dítə puʃími]
horaire (m)	orar (m)	[orár]
heures (f pl) d'ouverture	orari i punës (m)	[orári i púnəs]

BIENVENUE!	MIRË SE VINI!	[mírə sɛ víni!]
ENTRÉE	HYRJE	[hýrjɛ]
SORTIE	DALJE	[dáljɛ]
POUSSER	SHTY	[ʃty]

TIRER	TËRHIQ	[tərhíc]
OUVERT	HAPUR	[hápur]
FERMÉ	MBYLLUR	[mbýɬur]

| FEMMES | GRA | [gra] |
| HOMMES | BURRA | [búra] |

RABAIS	ZBRITJE	[zbrítjɛ]
SOLDES	ULJE	[úljɛ]
NOUVEAU!	TË REJA!	[tə réja!]
GRATUIT	FALAS	[fálas]

ATTENTION!	KUJDES!	[kujdés!]
COMPLET	NUK KA VENDE TË LIRA	[nuk ka véndɛ tə líra]
RÉSERVÉ	E REZERVUAR	[ɛ rɛzɛrvúar]

| ADMINISTRATION | ADMINISTRATA | [administráta] |
| RÉSERVÉ AU PERSONNEL | VETËM PËR STAFIN | [vétəm pər stáfin] |

ATTENTION CHIEN MÉCHANT	RUHUNI NGA QENI!	[rúhuni ŋa céni!]
DÉFENSE DE FUMER	NDALOHET DUHANI	[ndalóhɛt duháni]
PRIÈRE DE NE PAS TOUCHER	MOS PREK!	[mos prék!]

DANGEREUX	TË RREZIKSHME	[tə rɛzíkʃmɛ]
DANGER	RREZIK	[rɛzík]
HAUTE TENSION	TENSION I LARTË	[tɛnsión i lártə]
BAIGNADE INTERDITE	NUK LEJOHET NOTI!	[nuk lɛjóhɛt nóti!]
HORS SERVICE	E PRISHUR	[ɛ príʃur]

INFLAMMABLE	LËNDË DJEGËSE	[ləndə djégəsɛ]
INTERDIT	E NDALUAR	[ɛ ndalúar]
PASSAGE INTERDIT	NDALOHET HYRJA	[ndalóhɛt hýrja]
PEINTURE FRAÎCHE	BOJË E FRESKËT	[bójə ɛ fréskət]

31. Le shopping

acheter (vt)	blej	[blɛj]
achat (m)	blerje (f)	[blérjɛ]
faire des achats	shkoj për pazar	[ʃkoj pər pazár]
shopping (m)	pazar (m)	[pazár]

| être ouvert | hapur | [hápur] |
| être fermé | mbyllur | [mbýɬur] |

chaussures (f pl)	këpucë (f)	[kəpútsə]
vêtement (m)	veshje (f)	[véʃjɛ]
produits (m pl) de beauté	kozmetikë (f)	[kozmɛtíkə]
produits (m pl) alimentaires	mallra ushqimore (f)	[máɬra uʃcimórɛ]
cadeau (m)	dhuratë (f)	[ðurátə]

| vendeur (m) | shitës (m) | [ʃítəs] |
| vendeuse (f) | shitëse (f) | [ʃítəsɛ] |

caisse (f)	**arkë** (f)	[árkə]
miroir (m)	**pasqyrë** (f)	[pascýrə]
comptoir (m)	**banak** (m)	[bának]
cabine (f) d'essayage	**dhomë prove** (f)	[ðómə próvɛ]
essayer (robe, etc.)	**provoj**	[provój]
aller bien (robe, etc.)	**më rri mirë**	[mə ri mírə]
plaire (être apprécié)	**pëlqej**	[pəlcéj]
prix (m)	**çmim** (m)	[tʃmím]
étiquette (f) de prix	**etiketa e çmimit** (f)	[ɛtikéta ɛ tʃmímit]
coûter (vt)	**kushton**	[kuʃtón]
Combien?	**Sa?**	[sa?]
rabais (m)	**ulje** (f)	[úljɛ]
pas cher (adj)	**jo e shtrenjtë**	[jo ɛ ʃtréɲtə]
bon marché (adj)	**e lirë**	[ɛ lírə]
cher (adj)	**i shtrenjtë**	[i ʃtréɲtə]
C'est cher	**Është e shtrenjtë**	[éʃtə ɛ ʃtréɲtə]
location (f)	**qiramarrje** (f)	[ciramárjɛ]
louer (une voiture, etc.)	**marr me qira**	[mar mɛ cirá]
crédit (m)	**kredit** (m)	[krɛdít]
à crédit (adv)	**me kredi**	[mɛ krɛdí]

LES VÊTEMENTS & LES ACCESSOIRES

32. Les vêtements d'extérieur

vêtement (m)	rroba (f)	[róba]
survêtement (m)	veshje e sipërme (f)	[véʃjɛ ɛ sípərmɛ]
vêtement (m) d'hiver	veshje dimri (f)	[véʃjɛ dímri]
manteau (m)	pallto (f)	[páłto]
manteau (m) de fourrure	gëzof (m)	[gəzóf]
veste (f) de fourrure	xhaketë lëkure (f)	[dʒakétə ləkúrɛ]
manteau (m) de duvet	xhup (m)	[dʒup]
veste (f) (~ en cuir)	xhaketë (f)	[dʒakétə]
imperméable (m)	pardesy (f)	[pardɛsý]
imperméable (adj)	kundër shiut	[kúndər ʃíut]

33. Les vêtements

chemise (f)	këmishë (f)	[kəmíʃə]
pantalon (m)	pantallona (f)	[pantałóna]
jean (m)	xhinse (f)	[dʒínsɛ]
veston (m)	xhaketë kostumi (f)	[dʒakétə kostúmi]
complet (m)	kostum (m)	[kostúm]
robe (f)	fustan (m)	[fustán]
jupe (f)	fund (m)	[fund]
chemisette (f)	bluzë (f)	[blúzə]
veste (f) en laine	xhaketë me thurje (f)	[dʒakétə mɛ θúrjɛ]
jaquette (f), blazer (m)	xhaketë femrash (f)	[dʒakétə fémraʃ]
tee-shirt (m)	bluzë (f)	[blúzə]
short (m)	pantallona të shkurtra (f)	[pantałóna tə ʃkúrtra]
costume (m) de sport	tuta sportive (f)	[túta sportívɛ]
peignoir (m) de bain	peshqir trupi (m)	[pɛʃcír trúpi]
pyjama (m)	pizhame (f)	[piʒámɛ]
chandail (m)	triko (f)	[tríko]
pull-over (m)	pulovër (m)	[pulóvər]
gilet (m)	jelek (m)	[jɛlék]
queue-de-pie (f)	frak (m)	[frak]
smoking (m)	smoking (m)	[smokíŋ]
uniforme (m)	uniformë (f)	[unifórmə]
tenue (f) de travail	rroba pune (f)	[róba púnɛ]
salopette (f)	kominoshe (f)	[kominóʃɛ]
blouse (f) (d'un médecin)	uniformë (f)	[unifórmə]

34. Les sous-vêtements

sous-vêtements (m pl)	të brendshme (f)	[tə bréndʃmɛ]
boxer (m)	boksera (f)	[bokséra]
slip (m) de femme	brekë (f)	[brékə]
maillot (m) de corps	fanellë (f)	[fanétə]
chaussettes (f pl)	çorape (pl)	[tʃorápɛ]
chemise (f) de nuit	këmishë nate (f)	[kəmíʃə nátɛ]
soutien-gorge (m)	sytjena (f)	[sytjéna]
chaussettes (f pl) hautes	çorape déri tek gjuri (pl)	[tʃorápɛ déri ték ɟúri]
collants (m pl)	geta (f)	[géta]
bas (m pl)	çorape të holla (pl)	[tʃorápɛ tə hóɬa]
maillot (m) de bain	rrobë banje (f)	[róbə báɲɛ]

35. Les chapeaux

chapeau (m)	kapelë (f)	[kapélə]
chapeau (m) feutre	kapelë republike (f)	[kapélə rɛpublíkɛ]
casquette (f) de base-ball	kapelë bejsbolli (f)	[kapélə bɛjsbóti]
casquette (f)	kapelë e sheshtë (f)	[kapélə ɛ ʃéʃtə]
béret (m)	beretë (f)	[bɛrétə]
capuche (f)	kapuç (m)	[kapútʃ]
panama (m)	kapelë panama (f)	[kapélə panamá]
bonnet (m) de laine	kapuç leshi (m)	[kapútʃ léʃi]
foulard (m)	shami (f)	[ʃamí]
chapeau (m) de femme	kapelë femrash (f)	[kapélə fémraʃ]
casque (m) (d'ouvriers)	helmetë (f)	[hɛlmétə]
calot (m)	kapelë ushtrie (f)	[kapélə uʃtríɛ]
casque (m) (~ de moto)	helmetë (f)	[hɛlmétə]
melon (m)	kapelë derby (f)	[kapélə dérby]
haut-de-forme (m)	kapelë cilindër (f)	[kapélə tsilíndər]

36. Les chaussures

chaussures (f pl)	këpucë (pl)	[kəpútsə]
bottines (f pl)	këpucë burrash (pl)	[kəpútsə búraʃ]
souliers (m pl) (~ plats)	këpucë grash (pl)	[kəpútsə gráʃ]
bottes (f pl)	çizme (pl)	[tʃízmɛ]
chaussons (m pl)	pantofla (pl)	[pantófla]
tennis (m pl)	atlete tenisi (pl)	[atlétɛ tɛnísi]
baskets (f pl)	atlete (pl)	[atlétɛ]
sandales (f pl)	sandale (pl)	[sandálɛ]
cordonnier (m)	këpucëtar (m)	[kəputsətár]
talon (m)	takë (f)	[tákə]

paire (f)	**palë** (f)	[pálə]
lacet (m)	**lidhëse këpucësh** (f)	[líðəsɛ kəpútsəʃ]
lacer (vt)	**lidh këpucët**	[lið kəpútsət]
chausse-pied (m)	**lugë këpucësh** (f)	[lúgə kəpútsəʃ]
cirage (m)	**bojë këpucësh** (f)	[bójə kəpútsəʃ]

37. Les accessoires personnels

gants (m pl)	**dorëza** (pl)	[dórəza]
moufles (f pl)	**doreza** (f)	[doréza]
écharpe (f)	**shall** (m)	[ʃaɬ]
lunettes (f pl)	**syze** (f)	[sýzɛ]
monture (f)	**skelet syzesh** (m)	[skɛlét sýzɛʃ]
parapluie (m)	**çadër** (f)	[tʃádər]
canne (f)	**bastun** (m)	[bastún]
brosse (f) à cheveux	**furçë flokësh** (f)	[fúrtʃə flókəʃ]
éventail (m)	**erashkë** (f)	[ɛráʃkə]
cravate (f)	**kravatë** (f)	[kravátə]
nœud papillon (m)	**papion** (m)	[papión]
bretelles (f pl)	**aski** (pl)	[askí]
mouchoir (m)	**shami** (f)	[ʃamí]
peigne (m)	**krehër** (m)	[kréhər]
barrette (f)	**kapëse flokësh** (f)	[kápəsɛ flókəʃ]
épingle (f) à cheveux	**karficë** (f)	[karfítsə]
boucle (f)	**tokëz** (f)	[tókəz]
ceinture (f)	**rrip** (m)	[rip]
bandoulière (f)	**rrip supi** (m)	[rip súpi]
sac (m)	**çantë dore** (f)	[tʃántə dórɛ]
sac (m) à main	**çantë** (f)	[tʃántə]
sac (m) à dos	**çantë shpine** (f)	[tʃántə ʃpínɛ]

38. Les vêtements. Divers

mode (f)	**modë** (f)	[módə]
à la mode (adj)	**në modë**	[nə módə]
couturier, créateur de mode	**stilist** (m)	[stilíst]
col (m)	**jakë** (f)	[jákə]
poche (f)	**xhep** (m)	[dʒɛp]
de poche (adj)	**i xhepit**	[i dʒépit]
manche (f)	**mëngë** (f)	[méŋə]
bride (f)	**hallkë për varje** (f)	[háɬkə pər várjɛ]
braguette (f)	**zinxhir** (m)	[zindʒír]
fermeture (f) à glissière	**zinxhir** (m)	[zindʒír]
agrafe (f)	**kapëse** (f)	[kápəsɛ]
bouton (m)	**kopsë** (f)	[kópsə]

boutonnière (f)	**vrimë kopse** (f)	[vrímə kópsɛ]
s'arracher (bouton)	**këputet**	[kəpútɛt]

coudre (vi, vt)	**qep**	[cɛp]
broder (vt)	**qëndis**	[cəndís]
broderie (f)	**qëndisje** (f)	[cəndísjɛ]
aiguille (f)	**gjilpërë për qepje** (f)	[ɟilpérə pər cépjɛ]
fil (m)	**pe** (m)	[pɛ]
couture (f)	**tegel** (m)	[tɛgél]

se salir (vp)	**bëhem pis**	[bǽhɛm pis]
tache (f)	**njollë** (f)	[ɲóɫə]
se froisser (vp)	**zhubros**	[ʒubrós]
déchirer (vt)	**gris**	[gris]
mite (f)	**molë rrobash** (f)	[mólə róbaʃ]

39. L'hygiène corporelle. Les cosmétiques

dentifrice (m)	**pastë dhëmbësh** (f)	[pástə ðémbəʃ]
brosse (f) à dents	**furçë dhëmbësh** (f)	[fúrtʃə ðémbəʃ]
se brosser les dents	**laj dhëmbët**	[laj ðémbət]

rasoir (m)	**brisk** (m)	[brísk]
crème (f) à raser	**pastë rroje** (f)	[pástə rójɛ]
se raser (vp)	**rruhem**	[rúhɛm]

savon (m)	**sapun** (m)	[sapún]
shampooing (m)	**shampo** (f)	[ʃampó]

ciseaux (m pl)	**gërshërë** (f)	[gərʃérə]
lime (f) à ongles	**limë thonjsh** (f)	[límə θóɲʃ]
pinces (f pl) à ongles	**prerëse thonjsh** (f)	[prérəsɛ θóɲʃ]
pince (f) à épiler	**piskatore vetullash** (f)	[piskatórɛ vétuɫaʃ]

produits (m pl) de beauté	**kozmetikë** (f)	[kozmɛtíkə]
masque (m) de beauté	**maskë fytyre** (f)	[máskə fytýrɛ]
manucure (f)	**manikyr** (m)	[manikýr]
se faire les ongles	**bëj manikyr**	[bəj manikýr]
pédicurie (f)	**pedikyr** (m)	[pɛdikýr]

trousse (f) de toilette	**çantë kozmetike** (f)	[tʃántə kozmɛtíkɛ]
poudre (f)	**pudër fytyre** (f)	[púdər fytýrɛ]
poudrier (m)	**pudër kompakte** (f)	[púdər kompáktɛ]
fard (m) à joues	**ruzh** (m)	[ruʒ]

parfum (m)	**parfum** (m)	[parfúm]
eau (f) de toilette	**parfum** (m)	[parfúm]
lotion (f)	**krem** (m)	[krɛm]
eau de Cologne (f)	**kolonjë** (f)	[kolóɲə]

fard (m) à paupières	**rimel** (m)	[rimél]
crayon (m) à paupières	**laps për sy** (m)	[láps pər sy]
mascara (m)	**rimel** (m)	[rimél]
rouge (m) à lèvres	**buzëkuq** (m)	[buzəkúc]

vernis (m) à ongles	llak për thonj (m)	[ɫak pər θóɲ]
laque (f) pour les cheveux	llak flokësh (m)	[ɫak flókəʃ]
déodorant (m)	deodorant (m)	[dɛodoránt]

crème (f)	krem (m)	[krɛm]
crème (f) pour le visage	krem për fytyrë (m)	[krɛm pər fytýrə]
crème (f) pour les mains	krem për duar (m)	[krɛm pər dúar]
crème (f) anti-rides	krem kundër rrudhave (m)	[krɛm kúndər rúðavɛ]
crème (f) de jour	krem dite (m)	[krɛm dítɛ]
crème (f) de nuit	krem nate (m)	[krɛm nátɛ]
de jour (adj)	dite	[dítɛ]
de nuit (adj)	nate	[nátɛ]

tampon (m)	tampon (m)	[tampón]
papier (m) de toilette	letër higjienike (f)	[létər hiɟiɛníkɛ]
sèche-cheveux (m)	tharëse flokësh (f)	[θárəsɛ flókəʃ]

40. Les montres. Les horloges

montre (f)	orë dore (f)	[órə dórɛ]
cadran (m)	faqe e orës (f)	[fácɛ ɛ órəs]
aiguille (f)	akrep (m)	[akrép]
bracelet (m)	rrip metalik ore (m)	[rip mɛtalík órɛ]
bracelet (m) (en cuir)	rrip ore (m)	[rip órɛ]

pile (f)	bateri (f)	[batɛrí]
être déchargé	e shkarkuar	[ɛ ʃkarkúar]
changer de pile	ndërroj baterinë	[ndərój batɛrínə]
avancer (vi)	kalon shpejt	[kalón ʃpéjt]
retarder (vi)	ngel prapa	[ŋɛl prápa]

pendule (f)	orë muri (f)	[órə múri]
sablier (m)	orë rëre (f)	[órə rərɛ]
cadran (m) solaire	orë diellore (f)	[órə diɛɫórɛ]
réveil (m)	orë me zile (f)	[órə mɛ zílɛ]
horloger (m)	orëndreqës (m)	[orəndrécəs]
réparer (vt)	ndreq	[ndréc]

L'EXPÉRIENCE QUOTIDIENNE

41. L'argent

argent (m)	**para** (f)	[pará]
échange (m)	**këmbim valutor** (m)	[kəmbím valutór]
cours (m) de change	**kurs këmbimi** (m)	[kurs kəmbími]
distributeur (m)	**bankomat** (m)	[bankomát]
monnaie (f)	**monedhë** (f)	[monéðə]
dollar (m)	**dollar** (m)	[doɫár]
euro (m)	**euro** (f)	[éuro]
lire (f)	**lirë** (f)	[lírə]
mark (m) allemand	**Marka gjermane** (f)	[márka ɟɛrmánɛ]
franc (m)	**franga** (f)	[fráŋa]
livre sterling (f)	**sterlina angleze** (f)	[stɛrlína aŋlézɛ]
yen (m)	**jen** (m)	[jén]
dette (f)	**borxh** (m)	[bórdʒ]
débiteur (m)	**debitor** (m)	[dɛbitór]
prêter (vt)	**jap hua**	[jap huá]
emprunter (vt)	**marr hua**	[mar huá]
banque (f)	**bankë** (f)	[bánkə]
compte (m)	**llogari** (f)	[ɫogarí]
verser (dans le compte)	**depozitoj**	[dɛpozitój]
verser dans le compte	**depozitoj në llogari**	[dɛpozitój nə ɫogarí]
retirer du compte	**tërheq**	[tərhéc]
carte (f) de crédit	**kartë krediti** (f)	[kártə krɛdíti]
espèces (f pl)	**kesh** (m)	[kɛʃ]
chèque (m)	**çek** (m)	[tʃɛk]
faire un chèque	**lëshoj një çek**	[ləʃój ɲə tʃék]
chéquier (m)	**bllok çeqesh** (m)	[bɫók tʃécɛʃ]
portefeuille (m)	**portofol** (m)	[portofóɫ]
bourse (f)	**kuletë** (f)	[kulétə]
coffre fort (m)	**kasafortë** (f)	[kasafórtə]
héritier (m)	**trashëgimtar** (m)	[traʃəgimtár]
héritage (m)	**trashëgimi** (f)	[traʃəgimí]
fortune (f)	**pasuri** (f)	[pasurí]
location (f)	**qira** (f)	[cirá]
loyer (m) (argent)	**qiraja** (f)	[cirája]
louer (prendre en location)	**marr me qira**	[mar mɛ cirá]
prix (m)	**çmim** (m)	[tʃmím]
coût (m)	**kosto** (f)	[kósto]

somme (f)	shumë (f)	[ʃúmə]
dépenser (vt)	shpenzoj	[ʃpɛnzój]
dépenses (f pl)	shpenzime (f)	[ʃpɛnzímɛ]
économiser (vt)	kursej	[kurséj]
économe (adj)	ekonomik	[ɛkonomík]

payer (régler)	paguaj	[pagúaj]
paiement (m)	pagesë (f)	[pagésə]
monnaie (f) (rendre la ~)	kusur (m)	[kusúr]

impôt (m)	taksë (f)	[táksə]
amende (f)	gjobë (f)	[ɟóbə]
mettre une amende	vendos gjobë	[vɛndós ɟóbə]

42. La poste. Les services postaux

poste (f)	zyrë postare (f)	[zýrə postárɛ]
courrier (m) (lettres, etc.)	postë (f)	[póstə]
facteur (m)	postier (m)	[postiér]
heures (f pl) d'ouverture	orari i punës (m)	[orári i púnəs]

lettre (f)	letër (f)	[létər]
recommandé (m)	letër rekomande (f)	[létər rɛkomándɛ]
carte (f) postale	kartolinë (f)	[kartolínə]
télégramme (m)	telegram (m)	[tɛlɛgrám]
colis (m)	pako (f)	[páko]
mandat (m) postal	transfer parash (m)	[transfér paráʃ]

recevoir (vt)	pranoj	[pranój]
envoyer (vt)	dërgoj	[dərgój]
envoi (m)	dërgesë (f)	[dərgésə]
adresse (f)	adresë (f)	[adrésə]
code (m) postal	kodi postar (m)	[kódi postár]
expéditeur (m)	dërguesi (m)	[dərgúɛsi]
destinataire (m)	pranues (m)	[pranúɛs]

prénom (m)	emër (m)	[émər]
nom (m) de famille	mbiemër (m)	[mbiémər]
tarif (m)	tarifë postare (f)	[tarífə postárɛ]
normal (adj)	standard	[standárd]
économique (adj)	ekonomike	[ɛkonomíkɛ]

poids (m)	peshë (f)	[péʃə]
peser (~ les lettres)	peshoj	[pɛʃój]
enveloppe (f)	zarf (m)	[zarf]
timbre (m)	pullë postare (f)	[púłə postárɛ]
timbrer (vt)	vendos pullën postare	[vɛndós púłən postárɛ]

43. Les opérations bancaires

| banque (f) | bankë (f) | [bánkə] |
| agence (f) bancaire | degë (f) | [dégə] |

conseiller (m)	punonjës banke (m)	[punóɲəs bánkɛ]
gérant (m)	drejtor (m)	[drɛjtór]
compte (m)	llogari bankare (f)	[łogarí bankárɛ]
numéro (m) du compte	numër llogarie (m)	[númər łogaríɛ]
compte (m) courant	llogari rrjedhëse (f)	[łogarí rjéðəsɛ]
compte (m) sur livret	llogari kursimesh (f)	[łogarí kursímɛʃ]
ouvrir un compte	hap një llogari	[hap ɲə łogarí]
clôturer le compte	mbyll një llogari	[mbýł ɲə łogarí]
verser dans le compte	depozitoj në llogari	[dɛpozitój nə łogarí]
retirer du compte	tërheq	[tərhéc]
dépôt (m)	depozitë (f)	[dɛpozítə]
faire un dépôt	kryej një depozitim	[krýɛj ɲə dɛpozitím]
virement (m) bancaire	transfer bankar (m)	[transfér bankár]
faire un transfert	transferoj para	[transfɛrój pará]
somme (f)	shumë (f)	[ʃúmə]
Combien?	Sa?	[sa?]
signature (f)	nënshkrim (m)	[nənʃkrím]
signer (vt)	nënshkruaj	[nənʃkrúaj]
carte (f) de crédit	kartë krediti (f)	[kártə krɛdíti]
code (m)	kodi PIN (m)	[kódi pin]
numéro (m) de carte de crédit	numri i kartës së kreditit (m)	[númri i kártəs sə krɛdítit]
distributeur (m)	bankomat (m)	[bankomát]
chèque (m)	çek (m)	[tʃɛk]
faire un chèque	lëshoj një çek	[ləʃój ɲə tʃék]
chéquier (m)	bllok çeqesh (m)	[błók tʃécɛʃ]
crédit (m)	kredi (f)	[krɛdí]
demander un crédit	aplikoj për kredi	[aplikój pər krɛdí]
prendre un crédit	marr kredi	[mar krɛdí]
accorder un crédit	jap kredi	[jap krɛdí]
gage (m)	garanci (f)	[garantsí]

44. Le téléphone. La conversation téléphonique

téléphone (m)	telefon (m)	[tɛlɛfón]
portable (m)	celular (m)	[tsɛlulár]
répondeur (m)	sekretari telefonike (f)	[sɛkrɛtarí tɛlɛfoníkɛ]
téléphoner, appeler	telefonoj	[tɛlɛfonój]
appel (m)	telefonatë (f)	[tɛlɛfonátə]
composer le numéro	i bie numrit	[i bíɛ númrit]
Allô!	Përshëndetje!	[pərʃəndétjɛ!]
demander (~ l'heure)	pyes	[pýɛs]
répondre (vi, vt)	përgjigjem	[pərɟíɟɛm]
entendre (bruit, etc.)	dëgjoj	[dəɟój]
bien (adv)	mirë	[mírə]

| mal (adv) | jo mirë | [jo mírə] |
| bruits (m pl) | zhurmë (f) | [ʒúrmə] |

récepteur (m)	marrës (m)	[márəs]
décrocher (vt)	ngre telefonin	[ŋré tɛlɛfónin]
raccrocher (vi)	mbyll telefonin	[mbýt tɛlɛfónin]

occupé (adj)	i zënë	[i zénə]
sonner (vi)	bie zilja	[bíɛ zílja]
carnet (m) de téléphone	numerator telefonik (m)	[numɛratór tɛlɛfoník]

local (adj)	lokale	[lokálɛ]
appel (m) local	thirrje lokale (f)	[θírjɛ lokálɛ]
interurbain (adj)	distancë e largët	[distántsə ɛ lárgət]
appel (m) interurbain	thirrje në distancë (f)	[θírjɛ nə distántsə]
international (adj)	ndërkombëtar	[ndərkombətár]
appel (m) international	thirrje ndërkombëtare (f)	[θírjɛ ndərkombətárɛ]

45. Le téléphone portable

portable (m)	celular (m)	[tsɛlulár]
écran (m)	ekran (m)	[ɛkrán]
bouton (m)	buton (m)	[butón]
carte SIM (f)	karta SIM (m)	[kárta sim]

pile (f)	bateri (f)	[batɛrí]
être déchargé	e shkarkuar	[ɛ ʃkarkúar]
chargeur (m)	karikues (m)	[karikúɛs]

menu (m)	menu (f)	[mɛnú]
réglages (m pl)	parametra (f)	[paramétra]
mélodie (f)	melodi (f)	[mɛlodí]
sélectionner (vt)	përzgjedh	[pərzɟéð]

calculatrice (f)	makinë llogaritëse (f)	[makínə togarítɛsɛ]
répondeur (m)	postë zanore (f)	[póstə zanórɛ]
réveil (m)	alarm (m)	[alárm]
contacts (m pl)	kontakte (pl)	[kontáktɛ]

| SMS (m) | SMS (m) | [ɛsɛmɛs] |
| abonné (m) | abonent (m) | [abonént] |

46. La papeterie

| stylo (m) à bille | stilolaps (m) | [stiloláps] |
| stylo (m) à plume | stilograf (m) | [stilográf] |

crayon (m)	laps (m)	[láps]
marqueur (m)	shënjues (m)	[ʃəɲúɛs]
feutre (m)	tushë me bojë (f)	[túʃə mɛ bójə]
bloc-notes (m)	bllok shënimesh (m)	[bɫók ʃənímɛʃ]
agenda (m)	agjendë (f)	[aɟéndə]

règle (f)	vizore (f)	[vizórɛ]
calculatrice (f)	makinë llogaritëse (f)	[makínə łogarítəsɛ]
gomme (f)	gomë (f)	[gómə]
punaise (f)	pineskë (f)	[pinéskə]
trombone (m)	kapëse fletësh (f)	[kápəsɛ flétəʃ]

colle (f)	ngjitës (m)	[nɟítəs]
agrafeuse (f)	ngjitës metalik (m)	[nɟítəs mɛtalík]
perforateur (m)	hapës vrimash (m)	[hápəs vrímaʃ]
taille-crayon (m)	mprehëse lapsash (m)	[mpréhəsɛ lápsaʃ]

47. Les langues étrangères

langue (f)	gjuhë (f)	[ɟúhə]
étranger (adj)	huaj	[húaj]
langue (f) étrangère	gjuhë e huaj (f)	[ɟúhə ɛ húaj]
étudier (vt)	studioj	[studiój]
apprendre (~ l'arabe)	mësoj	[məsój]

lire (vi, vt)	lexoj	[lɛdzój]
parler (vi, vt)	flas	[flas]
comprendre (vt)	kuptoj	[kuptój]
écrire (vt)	shkruaj	[ʃkrúaj]

vite (adv)	shpejt	[ʃpɛjt]
lentement (adv)	ngadalë	[ŋadálə]
couramment (adv)	rrjedhshëm	[rjéðʃəm]

règles (f pl)	rregullat (pl)	[régułat]
grammaire (f)	gramatikë (f)	[gramatíkə]
vocabulaire (m)	fjalor (m)	[fjalór]
phonétique (f)	fonetikë (f)	[fonɛtíkə]

manuel (m)	tekst mësimor (m)	[tɛkst məsimór]
dictionnaire (m)	fjalor (m)	[fjalór]
manuel (m) autodidacte	libër i mësimit autodidakt (m)	[líbər i məsímit autodidákt]
guide (m) de conversation	libër frazeologjik (m)	[líbər frazɛoloɟík]

cassette (f)	kasetë (f)	[kasétə]
cassette (f) vidéo	videokasetë (f)	[vidɛokasétə]
CD (m)	CD (f)	[tsɛdé]
DVD (m)	DVD (m)	[dividí]

alphabet (m)	alfabet (m)	[alfabét]
épeler (vt)	gërmëzoj	[gərməzój]
prononciation (f)	shqiptim (m)	[ʃciptím]

accent (m)	aksent (m)	[aksént]
avec un accent	me aksent	[mɛ aksént]
sans accent	pa aksent	[pa aksént]

| mot (m) | fjalë (f) | [fjálə] |
| sens (m) | kuptim (m) | [kuptím] |

cours (m pl)	**kurs** (m)	[kurs]
s'inscrire (vp)	**regjistrohem**	[rɛɟistróhɛm]
professeur (m) (~ d'anglais)	**mësues** (m)	[məsúɛs]
traduction (f) (action)	**përkthim** (m)	[pərkθím]
traduction (f) (texte)	**përkthim** (m)	[pərkθím]
traducteur (m)	**përkthyes** (m)	[pərkθýɛs]
interprète (m)	**përkthyes** (m)	[pərkθýɛs]
polyglotte (m)	**poliglot** (m)	[poliglót]
mémoire (f)	**kujtesë** (f)	[kujtésə]

LES REPAS. LE RESTAURANT

48. Le dressage de la table

cuillère (f)	lugë (f)	[lúgə]
couteau (m)	thikë (f)	[θíkə]
fourchette (f)	pirun (m)	[pirún]
tasse (f)	filxhan (m)	[fildʒán]
assiette (f)	pjatë (f)	[pjátə]
soucoupe (f)	pjatë filxhani (f)	[pjátə fildʒáni]
serviette (f)	pecetë (f)	[pɛtsétə]
cure-dent (m)	kruajtëse dhëmbësh (f)	[krúajtəsɛ ðémbəʃ]

49. Le restaurant

restaurant (m)	restorant (m)	[rɛstoránt]
salon (m) de café	kafene (f)	[kafɛné]
bar (m)	pab (m), pijetore (f)	[pab], [pijɛtórɛ]
salon (m) de thé	çajtore (f)	[tʃajtórɛ]
serveur (m)	kamerier (m)	[kamɛriér]
serveuse (f)	kameriere (f)	[kamɛriérɛ]
barman (m)	banakier (m)	[banakiér]
carte (f)	menu (f)	[mɛnú]
carte (f) des vins	menu verërash (f)	[mɛnú vérəraʃ]
réserver une table	rezervoj një tavolinë	[rɛzɛrvój ɲə tavolínə]
plat (m)	pjatë (f)	[pjátə]
commander (vt)	porosis	[porosís]
faire la commande	bëj porosinë	[bəj porosínə]
apéritif (m)	aperitiv (m)	[apɛritív]
hors-d'œuvre (m)	antipastë (f)	[antipástə]
dessert (m)	ëmbëlsirë (f)	[əmbəlsírə]
addition (f)	faturë (f)	[fatúrə]
régler l'addition	paguaj faturën	[pagúaj fatúrən]
rendre la monnaie	jap kusur	[jap kusúr]
pourboire (m)	bakshish (m)	[bakʃíʃ]

50. Les repas

nourriture (f)	ushqim (m)	[uʃcím]
manger (vi, vt)	ha	[ha]

petit déjeuner (m)	mëngjes (m)	[mənɟés]
prendre le petit déjeuner	ha mëngjes	[ha mənɟés]
déjeuner (m)	drekë (f)	[drékə]
déjeuner (vi)	ha drekë	[ha drékə]
dîner (m)	darkë (f)	[dárkə]
dîner (vi)	ha darkë	[ha dárkə]

appétit (m)	oreks (m)	[oréks]
Bon appétit!	Të bëftë mirë!	[tə bəftə mírə!]

ouvrir (vt)	hap	[hap]
renverser (liquide)	derdh	[dérð]
se renverser (liquide)	derdhje	[dérðjɛ]

bouillir (vi)	ziej	[zíɛj]
faire bouillir	ziej	[zíɛj]
bouilli (l'eau ~e)	i zier	[i zíɛr]
refroidir (vt)	ftoh	[ftoh]
se refroidir (vp)	ftohje	[ftóhjɛ]

goût (m)	shije (f)	[ʃíjɛ]
arrière-goût (m)	shije (f)	[ʃíjɛ]

suivre un régime	dobësohem	[dobəsóhɛm]
régime (m)	dietë (f)	[diétə]
vitamine (f)	vitaminë (f)	[vitamínə]
calorie (f)	kalori (f)	[kalorí]
végétarien (m)	vegjetarian (m)	[vɛɟɛtarián]
végétarien (adj)	vegjetarian	[vɛɟɛtarián]

lipides (m pl)	yndyrë (f)	[yndýrə]
protéines (f pl)	proteinë (f)	[protɛínə]
glucides (m pl)	karbohidrat (m)	[karbohidrát]

tranche (f)	fetë (f)	[fétə]
morceau (m)	copë (f)	[tsópə]
miette (f)	dromcë (f)	[drómtsə]

51. Les plats cuisinés

plat (m)	pjatë (f)	[pjátə]
cuisine (f)	kuzhinë (f)	[kuʒínə]
recette (f)	recetë (f)	[rɛtsétə]
portion (f)	racion (m)	[ratsión]

salade (f)	sallatë (f)	[saɫátə]
soupe (f)	supë (f)	[súpə]

bouillon (m)	lëng mishi (m)	[ləŋ míʃi]
sandwich (m)	sandviç (m)	[sandvítʃ]
les œufs brouillés	vezë të skuqura (pl)	[vézə tə skúcura]

hamburger (m)	hamburger	[hamburgér]
steak (m)	biftek (m)	[bifték]

garniture (f)	garniturë (f)	[garnitúrə]
spaghettis (m pl)	shpageti (pl)	[ʃpagéti]
purée (f)	pure patatesh (f)	[puré patátɛʃ]
pizza (f)	pica (f)	[pítsa]
bouillie (f)	qull (m)	[cuɫ]
omelette (f)	omëletë (f)	[oməlétə]

cuit à l'eau (adj)	i zier	[i zíɛr]
fumé (adj)	i tymosur	[i tymósur]
frit (adj)	i skuqur	[i skúcur]
sec (adj)	i tharë	[i θárə]
congelé (adj)	i ngrirë	[i ŋrírə]
mariné (adj)	i marinuar	[i marinúar]

sucré (adj)	i ëmbël	[i émbəl]
salé (adj)	i kripur	[i krípur]
froid (adj)	i ftohtë	[i ftóhtə]
chaud (adj)	i nxehtë	[i ndzéhtə]
amer (adj)	i hidhur	[i híður]
bon (savoureux)	i shijshëm	[i ʃíʃəm]

cuire à l'eau	ziej	[zíɛj]
préparer (le dîner)	gatuaj	[gatúaj]
faire frire	skuq	[skuc]
réchauffer (vt)	ngroh	[ŋróh]

saler (vt)	hedh kripë	[hɛð krípə]
poivrer (vt)	hedh piper	[hɛð pipér]
râper (vt)	rendoj	[rɛndój]
peau (f)	lëkurë (f)	[ləkúrə]
éplucher (vt)	qëroj	[cərój]

52. Les aliments

viande (f)	mish (m)	[miʃ]
poulet (m)	pulë (f)	[púlə]
poulet (m) (poussin)	mish pule (m)	[miʃ púlɛ]
canard (m)	rosë (f)	[rósə]
oie (f)	patë (f)	[pátə]
gibier (m)	gjah (m)	[ɟáh]
dinde (f)	mish gjel deti (m)	[miʃ ɟɛl déti]

du porc	mish derri (m)	[miʃ déri]
du veau	mish viçi (m)	[miʃ vítʃi]
du mouton	mish qengji (m)	[miʃ céɲɟi]
du bœuf	mish lope (m)	[miʃ lópɛ]
lapin (m)	mish lepuri (m)	[miʃ lépuri]

saucisson (m)	salsiçe (f)	[salsítʃɛ]
saucisse (f)	salsiçe vjeneze (f)	[salsítʃɛ vjɛnézɛ]
bacon (m)	proshutë (f)	[proʃútə]
jambon (m)	sallam (m)	[saɫám]
cuisse (f)	kofshë derri (f)	[kófʃə déri]
pâté (m)	pate (f)	[paté]

foie (m)	mëlçi (f)	[məltʃí]
farce (f)	hamburger (m)	[hamburgér]
langue (f)	gjuhë (f)	[ɟúhə]

œuf (m)	ve (f)	[vɛ]
les œufs	vezë (pl)	[vézə]
blanc (m) d'œuf	e bardhë veze (f)	[ɛ bárðə vézɛ]
jaune (m) d'œuf	e verdhë veze (f)	[ɛ vérðə vézɛ]

poisson (m)	peshk (m)	[pɛʃk]
fruits (m pl) de mer	fruta deti (pl)	[frúta déti]
crustacés (m pl)	krustace (pl)	[krustátsɛ]
caviar (m)	havjar (m)	[havjáɾ]

crabe (m)	gaforre (f)	[gafóɾɛ]
crevette (f)	karkalec (m)	[karkaléts]
huître (f)	midhje (f)	[míðjɛ]
langoustine (f)	karavidhe (f)	[karavíðɛ]
poulpe (m)	oktapod (m)	[oktapód]
calamar (m)	kallamarë (f)	[kałamárə]

esturgeon (m)	bli (m)	[blí]
saumon (m)	salmon (m)	[salmón]
flétan (m)	shojzë e Atlantikut Verior (f)	[ʃójzə ɛ atlantíkut vɛrióɾ]

morue (f)	merluc (m)	[mɛrlúts]
maquereau (m)	skumbri (m)	[skúmbri]
thon (m)	tunë (f)	[túnə]
anguille (f)	ngjalë (f)	[nɟálə]

truite (f)	troftë (f)	[tróftə]
sardine (f)	sardele (f)	[sardélɛ]
brochet (m)	mlysh (m)	[mlýʃ]
hareng (m)	harengë (f)	[haréŋə]

pain (m)	bukë (f)	[búkə]
fromage (m)	djath (m)	[djáθ]
sucre (m)	sheqer (m)	[ʃɛcéɾ]
sel (m)	kripë (f)	[krípə]

riz (m)	oriz (m)	[oríz]
pâtes (m pl)	makarona (f)	[makaróna]
nouilles (f pl)	makarona petë (f)	[makaróna pétə]

beurre (m)	gjalp (m)	[ɟalp]
huile (f) végétale	vaj vegjetal (m)	[vaj vɛɟɛtál]
huile (f) de tournesol	vaj luledielli (m)	[vaj lulɛdiéɬi]
margarine (f)	margarinë (f)	[margarínə]

olives (f pl)	ullinj (pl)	[uɬíɲ]
huile (f) d'olive	vaj ulliri (m)	[vaj uɬíri]

lait (m)	qumësht (m)	[cúməʃt]
lait (m) condensé	qumësht i kondensuar (m)	[cúməʃt i kondɛnsúar]
yogourt (m)	kos (m)	[kos]
crème (f) aigre	salcë kosi (f)	[sáltsə kosi]

crème (f) (de lait)	**krem qumështi** (m)	[krɛm cúməʃti]
sauce (f) mayonnaise	**majonezë** (f)	[majonézə]
crème (f) au beurre	**krem gjalpi** (m)	[krɛm ɟálpi]
gruau (m)	**drithëra** (pl)	[dríθəra]
farine (f)	**miell** (m)	[míɛɫ]
conserves (f pl)	**konserva** (f)	[konsérva]
pétales (m pl) de maïs	**kornfleiks** (m)	[kornfléiks]
miel (m)	**mjaltë** (f)	[mjáltə]
confiture (f)	**reçel** (m)	[rɛtʃél]
gomme (f) à mâcher	**çamçakëz** (m)	[tʃamtʃakéz]

53. Les boissons

eau (f)	**ujë** (m)	[újə]
eau (f) potable	**ujë i pijshëm** (m)	[újə i píjʃəm]
eau (f) minérale	**ujë mineral** (m)	[újə minɛrál]
plate (adj)	**ujë natyral**	[újə natyrál]
gazeuse (l'eau ~)	**ujë i karbonuar**	[újə i karbonúar]
pétillante (adj)	**ujë i gazuar**	[újə i gazúar]
glace (f)	**akull** (m)	[ákuɫ]
avec de la glace	**me akull**	[mɛ ákuɫ]
sans alcool	**jo alkoolik**	[jo alkoolík]
boisson (f) non alcoolisée	**pije e lehtë** (f)	[píjɛ ɛ léhtə]
rafraîchissement (m)	**pije freskuese** (f)	[píjɛ frɛskúɛsɛ]
limonade (f)	**limonadë** (f)	[limonádə]
boissons (f pl) alcoolisées	**likere** (pl)	[likérɛ]
vin (m)	**verë** (f)	[vérə]
vin (m) blanc	**verë e bardhë** (f)	[vérə ɛ bárðə]
vin (m) rouge	**verë e kuqe** (f)	[vérə ɛ kúcɛ]
liqueur (f)	**liker** (m)	[likér]
champagne (m)	**shampanjë** (f)	[ʃampáɲə]
vermouth (m)	**vermut** (m)	[vɛrmút]
whisky (m)	**uiski** (m)	[víski]
vodka (f)	**vodkë** (f)	[vódkə]
gin (m)	**xhin** (m)	[dʒin]
cognac (m)	**konjak** (m)	[koɲák]
rhum (m)	**rum** (m)	[rum]
café (m)	**kafe** (f)	[káfɛ]
café (m) noir	**kafe e zezë** (f)	[káfɛ ɛ zézə]
café (m) au lait	**kafe me qumësht** (m)	[káfɛ mɛ cúməʃt]
cappuccino (m)	**kapuçino** (m)	[kaputʃíno]
café (m) soluble	**neskafe** (f)	[nɛskáfɛ]
lait (m)	**qumësht** (m)	[cúməʃt]
cocktail (m)	**koktej** (m)	[koktéj]
cocktail (m) au lait	**milkshake** (f)	[milkʃákɛ]

jus (m)	lëng frutash (m)	[ləŋ frútaʃ]
jus (m) de tomate	lëng domatesh (m)	[ləŋ domátɛʃ]
jus (m) d'orange	lëng portokalli (m)	[ləŋ portokáɫi]
jus (m) pressé	lëng frutash i freskët (m)	[ləŋ frútaʃ i fréskət]
bière (f)	birrë (f)	[bírə]
bière (f) blonde	birrë e lehtë (f)	[bírə ɛ léhtə]
bière (f) brune	birrë e zezë (f)	[bírə ɛ zézə]
thé (m)	çaj (m)	[tʃáj]
thé (m) noir	çaj i zi (m)	[tʃáj i zí]
thé (m) vert	çaj jeshil (m)	[tʃáj jɛʃíl]

54. Les légumes

légumes (m pl)	perime (pl)	[pɛrímɛ]
verdure (f)	zarzavate (pl)	[zarzavátɛ]
tomate (f)	domate (f)	[domátɛ]
concombre (m)	kastravec (m)	[kastravéts]
carotte (f)	karotë (f)	[karótə]
pomme (f) de terre	patate (f)	[patátɛ]
oignon (m)	qepë (f)	[cépə]
ail (m)	hudhër (f)	[húðər]
chou (m)	lakër (f)	[lákər]
chou-fleur (m)	lulelakër (f)	[lulɛlákər]
chou (m) de Bruxelles	lakër Brukseli (f)	[lákər brukséli]
brocoli (m)	brokoli (m)	[brókoli]
betterave (f)	panxhar (m)	[pandʒár]
aubergine (f)	patëllxhan (m)	[patəɫdʒán]
courgette (f)	kungulleshë (m)	[kuŋuɫéʃə]
potiron (m)	kungull (m)	[kúŋuɫ]
navet (m)	rrepë (f)	[répə]
persil (m)	majdanoz (m)	[majdanóz]
fenouil (m)	kopër (f)	[kópər]
laitue (f) (salade)	sallatë jeshile (f)	[saɫátə jɛʃílɛ]
céleri (m)	selino (f)	[sɛlíno]
asperge (f)	asparagus (m)	[asparágus]
épinard (m)	spinaq (m)	[spinác]
pois (m)	bizele (f)	[bizélɛ]
fèves (f pl)	fasule (f)	[fasúlɛ]
maïs (m)	misër (m)	[mísər]
haricot (m)	groshë (f)	[gróʃə]
poivron (m)	spec (m)	[spɛts]
radis (m)	rrepkë (f)	[répkə]
artichaut (m)	angjinare (f)	[aɲinárɛ]

55. Les fruits. Les noix

fruit (m)	**frut** (m)	[frut]
pomme (f)	**mollë** (f)	[móɫə]
poire (f)	**dardhë** (f)	[dárðə]
citron (m)	**limon** (m)	[limón]
orange (f)	**portokall** (m)	[portokáɫ]
fraise (f)	**luleshtrydhe** (f)	[luleʃtrýðɛ]
mandarine (f)	**mandarinë** (f)	[mandarínə]
prune (f)	**kumbull** (f)	[kúmbuɫ]
pêche (f)	**pjeshkë** (f)	[pjéʃkə]
abricot (m)	**kajsi** (f)	[kajsí]
framboise (f)	**mjedër** (f)	[mjédər]
ananas (m)	**ananas** (m)	[ananás]
banane (f)	**banane** (f)	[banánɛ]
pastèque (f)	**shalqi** (m)	[ʃalcí]
raisin (m)	**rrush** (m)	[ruʃ]
cerise (f)	**qershi vishnje** (f)	[cɛrʃí víʃɲɛ]
merise (f)	**qershi** (f)	[cɛrʃí]
melon (m)	**pjepër** (m)	[pjépər]
pamplemousse (m)	**grejpfrut** (m)	[grɛjpfrút]
avocat (m)	**avokado** (f)	[avokádo]
papaye (f)	**papaja** (f)	[papája]
mangue (f)	**mango** (f)	[máɲo]
grenade (f)	**shegë** (f)	[ʃégə]
groseille (f) rouge	**kaliboba e kuqe** (f)	[kalibóba ɛ kúcɛ]
cassis (m)	**kaliboba e zezë** (f)	[kalibóba ɛ zézə]
groseille (f) verte	**kulumbri** (f)	[kulumbrí]
myrtille (f)	**boronicë** (f)	[boronítsə]
mûre (f)	**manaferra** (f)	[manaféra]
raisin (m) sec	**rrush i thatë** (m)	[ruʃ i θátə]
figue (f)	**fik** (m)	[fik]
datte (f)	**hurmë** (f)	[húrmə]
cacahuète (f)	**kikirik** (m)	[kikirík]
amande (f)	**bajame** (f)	[bajámɛ]
noix (f)	**arrë** (f)	[árə]
noisette (f)	**lajthi** (f)	[lajθí]
noix (f) de coco	**arrë kokosi** (f)	[árə kokósi]
pistaches (f pl)	**fëstëk** (m)	[fəsték]

56. Le pain. Les confiseries

confiserie (f)	**ëmbëlsira** (pl)	[əmbəlsíra]
pain (m)	**bukë** (f)	[búkə]
biscuit (m)	**biskota** (pl)	[biskóta]
chocolat (m)	**çokollatë** (f)	[tʃokoɫátə]
en chocolat (adj)	**prej çokollate**	[prɛj tʃokoɫátɛ]

bonbon (m)	karamele (f)	[karamélɛ]
gâteau (m), pâtisserie (f)	kek (m)	[kék]
tarte (f)	tortë (f)	[tórtə]

gâteau (m)	tortë (f)	[tórtə]
garniture (f)	mbushje (f)	[mbúʃjɛ]

confiture (f)	reçel (m)	[rɛtʃél]
marmelade (f)	marmelatë (f)	[marmɛlátə]
gaufre (f)	vafera (pl)	[vaféra]
glace (f)	akullore (f)	[akuɫórɛ]
pudding (m)	puding (m)	[pudíŋ]

57. Les épices

sel (m)	kripë (f)	[krípə]
salé (adj)	i kripur	[i krípur]
saler (vt)	hedh kripë	[hɛð krípə]

poivre (m) noir	piper i zi (m)	[pipér i zi]
poivre (m) rouge	piper i kuq (m)	[pipér i kuc]
moutarde (f)	mustardë (f)	[mustárdə]
raifort (m)	rrepë djegëse (f)	[répə djégəsɛ]

condiment (m)	salcë (f)	[sáltsə]
épice (f)	erëz (f)	[érəz]
sauce (f)	salcë (f)	[sáltsə]
vinaigre (m)	uthull (f)	[úθuɫ]

anis (m)	anisetë (f)	[anisétə]
basilic (m)	borzilok (m)	[borzilók]
clou (m) de girofle	karafil (m)	[karafíl]
gingembre (m)	xhenxhefil (m)	[dʒɛndʒɛfíl]
coriandre (m)	koriandër (m)	[koriándər]
cannelle (f)	kanellë (f)	[kanéɫə]

sésame (m)	susam (m)	[susám]
feuille (f) de laurier	gjeth dafine (m)	[ɟɛθ dafínɛ]
paprika (m)	spec (m)	[spɛts]
cumin (m)	kumin (m)	[kumín]
safran (m)	shafran (m)	[ʃafrán]

LES DONNÉES PERSONNELLES. LA FAMILLE

58. Les données personnelles. Les formulaires

prénom (m)	emër (m)	[émər]
nom (m) de famille	mbiemër (m)	[mbiémər]
date (f) de naissance	datëlindje (f)	[datəlíndjɛ]
lieu (m) de naissance	vendlindje (f)	[vɛndlíndjɛ]
nationalité (f)	kombësi (f)	[kombəsí]
domicile (m)	vendbanim (m)	[vɛndbaním]
pays (m)	shtet (m)	[ʃtɛt]
profession (f)	profesion (m)	[profɛsión]
sexe (m)	gjinia (f)	[ɟinía]
taille (f)	gjatësia (f)	[ɟatəsía]
poids (m)	peshë (f)	[péʃə]

59. La famille. Les liens de parenté

mère (f)	nënë (f)	[nə́nə]
père (m)	baba (f)	[babá]
fils (m)	bir (m)	[bir]
fille (f)	bijë (f)	[bíjə]
fille (f) cadette	vajza e vogël (f)	[vájza ɛ vógəl]
fils (m) cadet	djali i vogël (m)	[djáli i vógəl]
fille (f) aînée	vajza e madhe (f)	[vájza ɛ máðɛ]
fils (m) aîné	djali i vogël (m)	[djáli i vógəl]
frère (m)	vëlla (m)	[vəɫá]
frère (m) aîné	vëllai i madh (m)	[vəɫái i mað]
frère (m) cadet	vëllai i vogël (m)	[vəɫai i vógəl]
sœur (f)	motër (f)	[mótər]
sœur (f) aînée	motra e madhe (f)	[mótra ɛ máðɛ]
sœur (f) cadette	motra e vogël (f)	[mótra ɛ vógəl]
cousin (m)	kushëri (m)	[kuʃərí]
cousine (f)	kushërirë (f)	[kuʃərírə]
maman (f)	mami (f)	[mámi]
papa (m)	babi (m)	[bábi]
parents (m pl)	prindër (pl)	[príndər]
enfant (m, f)	fëmijë (f)	[fəmíjə]
enfants (pl)	fëmijë (pl)	[fəmíjə]
grand-mère (f)	gjyshe (f)	[ɟýʃɛ]
grand-père (m)	gjysh (m)	[ɟyʃ]

petit-fils (m)	nip (m)	[nip]
petite-fille (f)	mbesë (f)	[mbésə]
petits-enfants (pl)	nipër e mbesa (pl)	[nípər ɛ mbésa]

oncle (m)	dajë (f)	[dájə]
tante (f)	teze (f)	[tézɛ]
neveu (m)	nip (m)	[nip]
nièce (f)	mbesë (f)	[mbésə]

belle-mère (f)	vjehrrë (f)	[vjéhrə]
beau-père (m)	vjehrri (m)	[vjéhri]
gendre (m)	dhëndër (m)	[ðə́ndər]
belle-mère (f)	njerkë (f)	[ɲérkə]
beau-père (m)	njerk (m)	[ɲérk]

nourrisson (m)	foshnjë (f)	[fóʃnə]
bébé (m)	fëmijë (f)	[fəmíjə]
petit (m)	djalosh (m)	[djalóʃ]

femme (f)	bashkëshorte (f)	[baʃkəʃórtɛ]
mari (m)	bashkëshort (m)	[baʃkəʃórt]
époux (m)	bashkëshort (m)	[baʃkəʃórt]
épouse (f)	bashkëshorte (f)	[baʃkəʃórtɛ]

marié (adj)	i martuar	[i martúar]
mariée (adj)	e martuar	[ɛ martúar]
célibataire (adj)	beqar	[bɛcár]
célibataire (m)	beqar (m)	[bɛcár]
divorcé (adj)	i divorcuar	[i divortsúar]
veuve (f)	vejushë (f)	[vɛjúʃə]
veuf (m)	vejan (m)	[vɛján]

parent (m)	kushëri (m)	[kuʃərí]
parent (m) proche	kushëri i afërt (m)	[kuʃərí i áfərt]
parent (m) éloigné	kushëri i largët (m)	[kuʃərí i lárgət]
parents (m pl)	kushërinj (pl)	[kuʃəríɲ]

orphelin (m)	jetim (m)	[jɛtím]
orpheline (f)	jetime (f)	[jɛtímɛ]
tuteur (m)	kujdestar (m)	[kujdɛstár]
adopter (un garçon)	adoptoj	[adoptój]
adopter (une fille)	adoptoj	[adoptój]

60. Les amis. Les collègues

ami (m)	mik (m)	[mik]
amie (f)	mike (f)	[míkɛ]
amitié (f)	miqësi (f)	[micəsí]
être ami	të miqësohem	[tə micəsóhɛm]

copain (m)	shok (m)	[ʃok]
copine (f)	shoqe (f)	[ʃócɛ]
partenaire (m)	partner (m)	[partnér]
chef (m)	shef (m)	[ʃɛf]

supérieur (m)	**epror** (m)	[ɛprór]
propriétaire (m)	**pronar** (m)	[pronár]
subordonné (m)	**vartës** (m)	[vártəs]
collègue (m, f)	**koleg** (m)	[kolég]
connaissance (f)	**i njohur** (m)	[i ɲóhur]
compagnon (m) de route	**bashkudhëtar** (m)	[baʃkuðetár]
copain (m) de classe	**shok klase** (m)	[ʃok klásɛ]
voisin (m)	**komshi** (m)	[komʃí]
voisine (f)	**komshike** (f)	[komʃíkɛ]
voisins (m pl)	**komshinj** (pl)	[komʃíɲ]

LE CORPS HUMAIN. LES MÉDICAMENTS

61. La tête

tête (f)	kokë (f)	[kókə]
visage (m)	fytyrë (f)	[fytýrə]
nez (m)	hundë (f)	[húndə]
bouche (f)	gojë (f)	[gójə]
œil (m)	sy (m)	[sy]
les yeux	sytë	[sýtə]
pupille (f)	bebëz (f)	[bébəz]
sourcil (m)	vetull (f)	[vétuɬ]
cil (m)	qerpik (m)	[cɛrpík]
paupière (f)	qepallë (f)	[cɛpáɬə]
langue (f)	gjuhë (f)	[ɟúhə]
dent (f)	dhëmb (m)	[ðəmb]
lèvres (f pl)	buzë (f)	[búzə]
pommettes (f pl)	mollëza (f)	[móɬəza]
gencive (f)	mishrat e dhëmbëve	[míʃrat ɛ ðəmbəvɛ]
palais (m)	qiellzë (f)	[ciéɬzə]
narines (f pl)	vrimat e hundës (pl)	[vrímat ɛ húndəs]
menton (m)	mjekër (f)	[mjékər]
mâchoire (f)	nofull (f)	[nófuɬ]
joue (f)	faqe (f)	[fácɛ]
front (m)	ball (m)	[báɬ]
tempe (f)	tëmth (m)	[təmθ]
oreille (f)	vesh (m)	[vɛʃ]
nuque (f)	zverk (m)	[zvɛrk]
cou (m)	qafë (f)	[cáfə]
gorge (f)	fyt (m)	[fyt]
cheveux (m pl)	flokë (pl)	[flókə]
coiffure (f)	model flokësh (m)	[modél flókəʃ]
coupe (f)	prerje flokësh (f)	[prérjɛ flókəʃ]
perruque (f)	paruke (f)	[parúkɛ]
moustache (f)	mustaqe (f)	[mustácɛ]
barbe (f)	mjekër (f)	[mjékər]
porter (~ la barbe)	lë mjekër	[lə mjékər]
tresse (f)	gërshet (m)	[gərʃét]
favoris (m pl)	baseta (f)	[baséta]
roux (adj)	flokëkuqe	[flokəkúcɛ]
gris, grisonnant (adj)	thinja	[θíɲa]
chauve (adj)	qeros	[cɛrós]
calvitie (f)	tullë (f)	[túɬə]

| queue (f) de cheval | bishtalec (m) | [biʃtaléts] |
| frange (f) | balluke (f) | [baɫúkɛ] |

62. Le corps humain

| main (f) | dorë (f) | [dórə] |
| bras (m) | krah (m) | [krah] |

doigt (m)	gisht i dorës (m)	[gíʃt i dórəs]
orteil (m)	gisht i këmbës (m)	[gíʃt i kémbəs]
pouce (m)	gishti i madh (m)	[gíʃti i máð]
petit doigt (m)	gishti i vogël (m)	[gíʃti i vógəl]
ongle (m)	thua (f)	[θúa]

poing (m)	grusht (m)	[grúʃt]
paume (f)	pëllëmbë dore (f)	[pəɫémbə dórɛ]
poignet (m)	kyç (m)	[kytʃ]
avant-bras (m)	parakrah (m)	[parakráh]
coude (m)	bërryl (m)	[bərýl]
épaule (f)	shpatull (f)	[ʃpátuɫ]

jambe (f)	këmbë (f)	[kémbə]
pied (m)	shputë (f)	[ʃpútə]
genou (m)	gju (m)	[ɟú]
mollet (m)	pulpë (f)	[púlpə]
hanche (f)	ijë (f)	[íjə]
talon (m)	thembër (f)	[θémbər]

corps (m)	trup (m)	[trup]
ventre (m)	stomak (m)	[stomák]
poitrine (f)	kraharor (m)	[kraharór]
sein (m)	gjoks (m)	[ɟóks]
côté (m)	krah (m)	[krah]
dos (m)	kurriz (m)	[kuríz]
reins (région lombaire)	fundshpina (f)	[fundʃpína]
taille (f) (~ de guêpe)	beli (m)	[béli]

nombril (m)	kërthizë (f)	[kərθízə]
fesses (f pl)	vithe (f)	[víθɛ]
derrière (m)	prapanica (f)	[prapanítsa]

grain (m) de beauté	nishan (m)	[niʃán]
tache (f) de vin	shenjë lindjeje (f)	[ʃéɲə líndjɛjɛ]
tatouage (m)	tatuazh (m)	[tatuáʒ]
cicatrice (f)	shenjë (f)	[ʃéɲə]

63. Les maladies

maladie (f)	sëmundje (f)	[səmúndjɛ]
être malade	jam sëmurë	[jam səmúrə]
santé (f)	shëndet (m)	[ʃəndét]
rhume (m) (coryza)	rrifë (f)	[rífə]

angine (f)	grykët (m)	[grýkət]
refroidissement (m)	ftohje (f)	[ftóhjɛ]
prendre froid	ftohem	[ftóhɛm]
bronchite (f)	bronkit (m)	[bronkít]
pneumonie (f)	pneumoni (f)	[pnɛumoní]
grippe (f)	grip (m)	[grip]
myope (adj)	miop	[mióp]
presbyte (adj)	presbit	[prɛsbít]
strabisme (m)	strabizëm (m)	[strabízəm]
strabique (adj)	strabik	[strabík]
cataracte (f)	katarakt (m)	[katarákt]
glaucome (m)	glaukoma (f)	[glaukóma]
insulte (f)	goditje (f)	[godítjɛ]
crise (f) cardiaque	sulm në zemër (m)	[sulm nə zémər]
infarctus (m) de myocarde	infarkt miokardiak (m)	[infárkt miokardiák]
paralysie (f)	paralizë (f)	[paralízə]
paralyser (vt)	paralizoj	[paralizój]
allergie (f)	alergji (f)	[alɛɾʝí]
asthme (m)	astmë (f)	[ástmə]
diabète (m)	diabet (m)	[diabét]
mal (m) de dents	dhimbje dhëmbi (f)	[ðímbjɛ ðémbi]
carie (f)	karies (m)	[kariés]
diarrhée (f)	diarre (f)	[diaré]
constipation (f)	kapsllëk (m)	[kapsłék]
estomac (m) barbouillé	dispepsi (f)	[dispɛpsí]
intoxication (f) alimentaire	helmim (m)	[hɛlmím]
être intoxiqué	helmohem nga ushqimi	[hɛlmóhɛm ŋa uʃcími]
arthrite (f)	artrit (m)	[artrít]
rachitisme (m)	rakit (m)	[rakít]
rhumatisme (m)	reumatizëm (m)	[rɛumatízəm]
athérosclérose (f)	arteriosklerozë (f)	[artɛriosklɛrózə]
gastrite (f)	gastrit (m)	[gastrít]
appendicite (f)	apendicit (m)	[apɛnditsít]
cholécystite (f)	kolecistit (m)	[kolɛtsistít]
ulcère (m)	ulcerë (f)	[ultsérə]
rougeole (f)	fruth (m)	[fruθ]
rubéole (f)	rubeola (f)	[rubɛóla]
jaunisse (f)	verdhëza (f)	[vérðəza]
hépatite (f)	hepatit (m)	[hɛpatít]
schizophrénie (f)	skizofreni (f)	[skizofrɛní]
rage (f) (hydrophobie)	sëmundje e tërbimit (f)	[səmúndjɛ ɛ tərbímit]
névrose (f)	neurozë (f)	[nɛurózə]
commotion (f) cérébrale	tronditje (f)	[trondítjɛ]
cancer (m)	kancer (m)	[kantsér]
sclérose (f)	sklerozë (f)	[sklɛrózə]

sclérose (f) en plaques	sklerozë e shumëfishtë (f)	[sklɛrózə ɛ ʃuməfíʃtə]
alcoolisme (m)	alkoolizëm (m)	[alkoolízəm]
alcoolique (m)	alkoolik (m)	[alkoolík]
syphilis (f)	sifiliz (m)	[sifilíz]
SIDA (m)	SIDA (f)	[sída]

tumeur (f)	tumor (m)	[tumór]
maligne (adj)	malinj	[malíɲ]
bénigne (adj)	beninj	[bɛníɲ]

fièvre (f)	ethe (f)	[éθɛ]
malaria (f)	malarie (f)	[malaríɛ]
gangrène (f)	gangrenë (f)	[gaŋréna]
mal (m) de mer	sëmundje deti (f)	[səmúndjɛ déti]
épilepsie (f)	epilepsi (f)	[ɛpilɛpsí]

épidémie (f)	epidemi (f)	[ɛpidɛmí]
typhus (m)	tifo (f)	[tífo]
tuberculose (f)	tuberkuloz (f)	[tubɛrkulóz]
choléra (m)	kolerë (f)	[kolérə]
peste (f)	murtaja (f)	[murtája]

64. Les symptômes. Le traitement. Partie 1

symptôme (m)	simptomë (f)	[simptómə]
température (f)	temperaturë (f)	[tɛmpɛratúrə]
fièvre (f)	temperaturë e lartë (f)	[tɛmpɛratúrə ɛ lártə]
pouls (m)	puls (m)	[puls]

vertige (m)	marrje mendsh (m)	[márjɛ méndʃ]
chaud (adj)	i nxehtë	[i ndzéhtə]
frisson (m)	drithërima (f)	[driθəríma]
pâle (adj)	i zbehur	[i zbéhur]

toux (f)	kollë (f)	[kóɫə]
tousser (vi)	kollitem	[koɫítɛm]
éternuer (vi)	teshtij	[tɛʃtíj]
évanouissement (m)	të fikët (f)	[tə fíkət]
s'évanouir (vp)	bie të fikët	[bíɛ tə fíkət]

bleu (m)	mavijosje (f)	[mavijósjɛ]
bosse (f)	gungë (f)	[gúŋə]
se heurter (vp)	godas	[godás]
meurtrissure (f)	lëndim (m)	[ləndím]
se faire mal	lëndohem	[ləndóhɛm]

boiter (vi)	çaloj	[tʃalój]
foulure (f)	dislokim (m)	[dislokím]
se démettre (l'épaule, etc.)	del nga vendi	[dɛl ŋa véndi]
fracture (f)	thyerje (f)	[θýɛrjɛ]
avoir une fracture	thyej	[θýɛj]

coupure (f)	e prerë (f)	[ɛ prérə]
se couper (~ le doigt)	pres veten	[prɛs vétɛn]

hémorragie (f)	rrjedhje gjaku (f)	[rjéðjɛ ɟáku]
brûlure (f)	djegie (f)	[djégiɛ]
se brûler (vp)	digjem	[díɟɛm]

se piquer (le doigt)	shpoj	[ʃpoj]
se piquer (vp)	shpohem	[ʃpóhɛm]
blesser (vt)	dëmtoj	[dəmtój]
blessure (f)	dëmtim (m)	[dəmtím]
plaie (f) (blessure)	plagë (f)	[plágə]
trauma (m)	traumë (f)	[traúmə]

délirer (vi)	fol përçart	[fól pərtʃárt]
bégayer (vi)	belbëzoj	[bɛlbəzój]
insolation (f)	pikë e diellit (f)	[píkə ɛ diéɫit]

65. Les symptômes. Le traitement. Partie 2

douleur (f)	dhimbje (f)	[ðímbjɛ]
écharde (f)	cifël (f)	[tsífəl]

sueur (f)	djersë (f)	[djérsə]
suer (vi)	djersij	[djɛrsíj]
vomissement (m)	të vjella (f)	[tə vjéɫa]
spasmes (m pl)	konvulsione (f)	[konvulsiónɛ]

enceinte (adj)	shtatzënë	[ʃtatzénə]
naître (vi)	lind	[lind]
accouchement (m)	lindje (f)	[líndjɛ]
accoucher (vi)	sjell në jetë	[sjɛɫ nə jétə]
avortement (m)	abort (m)	[abórt]

respiration (f)	frymëmarrje (f)	[fryməmárjɛ]
inhalation (f)	mbajtje e frymës (f)	[mbájtjɛ ɛ frýməs]
expiration (f)	lëshim i frymës (m)	[ləʃím i frýməs]
expirer (vi)	nxjerr frymën	[ndzjér frýmən]
inspirer (vi)	marr frymë	[mar frýmə]

invalide (m)	invalid (m)	[invalíd]
handicapé (m)	i gjymtuar (m)	[i ɟymtúar]
drogué (m)	narkoman (m)	[narkomán]

sourd (adj)	shurdh	[ʃurð]
muet (adj)	memec	[mɛméts]
sourd-muet (adj)	shurdh-memec	[ʃurð-mɛméts]

fou (adj)	i marrë	[i márə]
fou (m)	i çmendur (m)	[i tʃméndur]
folle (f)	e çmendur (f)	[ɛ tʃméndur]
devenir fou	çmendem	[tʃméndɛm]

gène (m)	gen (m)	[gɛn]
immunité (f)	imunitet (m)	[imunitét]
héréditaire (adj)	e trashëguar	[ɛ traʃəgúar]
congénital (adj)	e lindur	[ɛ líndur]

virus (m)	**virus** (m)	[virús]
microbe (m)	**mikrob** (m)	[mikrób]
bactérie (f)	**bakterie** (f)	[baktériɛ]
infection (f)	**infeksion** (m)	[infɛksión]

66. Les symptômes. Le traitement. Partie 3

hôpital (m)	**spital** (m)	[spitál]
patient (m)	**pacient** (m)	[patsiént]
diagnostic (m)	**diagnozë** (f)	[diagnózə]
cure (f) (faire une ~)	**kurë** (f)	[kúrə]
traitement (m)	**trajtim mjekësor** (m)	[trajtím mjɛkəsór]
se faire soigner	**kurohem**	[kuróhɛm]
traiter (un patient)	**kuroj**	[kurój]
soigner (un malade)	**kujdesem**	[kujdésɛm]
soins (m pl)	**kujdes** (m)	[kujdés]
opération (f)	**operacion** (m)	[opɛratsión]
panser (vt)	**fashoj**	[faʃój]
pansement (m)	**fashim** (m)	[faʃím]
vaccination (f)	**vaksinim** (m)	[vaksiním]
vacciner (vt)	**vaksinoj**	[vaksinój]
piqûre (f)	**injeksion** (m)	[iɲɛksión]
faire une piqûre	**bëj injeksion**	[bəj iɲɛksíon]
crise, attaque (f)	**atak** (m)	[aták]
amputation (f)	**amputim** (m)	[amputím]
amputer (vt)	**amputoj**	[amputój]
coma (m)	**komë** (f)	[kómə]
être dans le coma	**jam në komë**	[jam nə kómə]
réanimation (f)	**kujdes intensiv** (m)	[kujdés intɛnsív]
se rétablir (vp)	**shërohem**	[ʃəróhɛm]
état (m) (de santé)	**gjendje** (f)	[ɟéndjɛ]
conscience (f)	**vetëdije** (f)	[vɛtədíjɛ]
mémoire (f)	**kujtesë** (f)	[kujtésə]
arracher (une dent)	**heq**	[hɛc]
plombage (m)	**mbushje** (f)	[mbúʃɛ]
plomber (vt)	**mbush**	[mbúʃ]
hypnose (f)	**hipnozë** (f)	[hipnózə]
hypnotiser (vt)	**hipnotizim**	[hipnotizím]

67. Les médicaments. Les accessoires

médicament (m)	**ilaç** (m)	[ilátʃ]
remède (m)	**mjekim** (m)	[mjɛkím]
prescrire (vt)	**shkruaj recetë**	[ʃkrúaj rɛtsétə]
ordonnance (f)	**recetë** (f)	[rɛtsétə]

comprimé (m)	pilulë (f)	[pilúlə]
onguent (m)	krem (m)	[krɛm]
ampoule (f)	ampulë (f)	[ampúlə]
mixture (f)	përzierje (f)	[pərzíɛrjɛ]
sirop (m)	shurup (m)	[ʃurúp]
pilule (f)	pilulë (f)	[pilúlə]
poudre (f)	pudër (f)	[púdər]

bande (f)	fashë garze (f)	[faʃə gárzɛ]
coton (m) (ouate)	pambuk (m)	[pambúk]
iode (m)	jod (m)	[jod]

sparadrap (m)	leukoplast (m)	[lɛukoplást]
compte-gouttes (m)	pikatore (f)	[pikatórɛ]
thermomètre (m)	termometër (m)	[tɛrmométər]
seringue (f)	shiringë (f)	[ʃiríŋə]

| fauteuil (m) roulant | karrocë me rrota (f) | [karótsə mɛ róta] |
| béquilles (f pl) | paterica (f) | [patɛrítsa] |

anesthésique (m)	qetësues (m)	[cɛtəsúɛs]
purgatif (m)	laksativ (m)	[laksatív]
alcool (m)	alkool dezinfektues (m)	[alkoól dɛzinfɛktúɛs]
herbe (f) médicinale	bimë mjekësore (f)	[bímə mjɛkəsórɛ]
d'herbes (adj)	çaj bimor	[tʃáj bimór]

L'APPARTEMENT

68. L'appartement

appartement (m)	**apartament** (m)	[apartamént]
chambre (f)	**dhomë** (f)	[ðómə]
chambre (f) à coucher	**dhomë gjumi** (f)	[ðómə ɟúmi]
salle (f) à manger	**dhomë ngrënie** (f)	[ðómə ŋrəníɛ]
salon (m)	**dhomë ndeje** (f)	[ðómə ndéjɛ]
bureau (m)	**dhomë pune** (f)	[ðómə púnɛ]
antichambre (f)	**hyrje** (f)	[hýrjɛ]
salle (f) de bains	**banjo** (f)	[báɲo]
toilettes (f pl)	**tualet** (m)	[tualét]
plafond (m)	**tavan** (m)	[taván]
plancher (m)	**dysheme** (f)	[dyʃɛmé]
coin (m)	**qoshe** (f)	[cóʃɛ]

69. Les meubles. L'intérieur

meubles (m pl)	**orendi** (f)	[orɛndí]
table (f)	**tryezë** (f)	[tryézə]
chaise (f)	**karrige** (f)	[karígɛ]
lit (m)	**shtrat** (m)	[ʃtrat]
canapé (m)	**divan** (m)	[diván]
fauteuil (m)	**kolltuk** (m)	[koɫtúk]
bibliothèque (f) (meuble)	**raft librash** (m)	[ráft líbraʃ]
rayon (m)	**sergjen** (m)	[sɛrɟén]
armoire (f)	**gardërobë** (f)	[gardəróbə]
patère (f)	**varëse** (f)	[várəsɛ]
portemanteau (m)	**varëse xhaketash** (f)	[várəsɛ dʒakétaʃ]
commode (f)	**komodë** (f)	[komódə]
table (f) basse	**tryezë e ulët** (f)	[tryézə ɛ úlət]
miroir (m)	**pasqyrë** (f)	[pascýrə]
tapis (m)	**qilim** (m)	[cilím]
petit tapis (m)	**tapet** (m)	[tapét]
cheminée (f)	**oxhak** (m)	[odʒák]
bougie (f)	**qiri** (m)	[círi]
chandelier (m)	**shandan** (m)	[ʃandán]
rideaux (m pl)	**perde** (f)	[pérdɛ]
papier (m) peint	**tapiceri** (f)	[tapitsɛrí]

jalousie (f)	grila (f)	[gríla]
lampe (f) de table	llambë tavoline (f)	[ɫámbə tavolínɛ]
applique (f)	llambadar muri (m)	[ɫambadár múri]
lampadaire (m)	llambadar (m)	[ɫambadár]
lustre (m)	llambadar (m)	[ɫambadár]

pied (m) (~ de la table)	këmbë (f)	[kémbə]
accoudoir (m)	mbështetëse krahu (f)	[mbəʃtétəsɛ kráhu]
dossier (m)	mbështetëse (f)	[mbəʃtétəsɛ]
tiroir (m)	sirtar (m)	[sirtár]

70. La literie

linge (m) de lit	çarçafë (pl)	[tʃartʃáfə]
oreiller (m)	jastëk (m)	[jasték]
taie (f) d'oreiller	këllëf jastëku (m)	[kəɫéf jastéku]
couverture (f)	jorgan (m)	[jorgán]
drap (m)	çarçaf (m)	[tʃartʃáf]
couvre-lit (m)	mbulesë (f)	[mbulésə]

71. La cuisine

cuisine (f)	kuzhinë (f)	[kuʒínə]
gaz (m)	gaz (m)	[gaz]
cuisinière (f) à gaz	sobë me gaz (f)	[sóbə mɛ gaz]
cuisinière (f) électrique	sobë elektrike (f)	[sóbə ɛlɛktríkɛ]
four (m)	furrë (f)	[fúrə]
four (m) micro-ondes	mikrovalë (f)	[mikroválə]

réfrigérateur (m)	frigorifer (m)	[frigorifér]
congélateur (m)	frigorifer (m)	[frigorifér]
lave-vaisselle (m)	pjatalarëse (f)	[pjatalárəsɛ]

hachoir (m) à viande	grirëse mishi (f)	[grírəsɛ míʃi]
centrifugeuse (f)	shtrydhëse frutash (f)	[ʃtrýðəsɛ frútaʃ]
grille-pain (m)	toster (m)	[tostér]
batteur (m)	mikser (m)	[miksér]

machine (f) à café	makinë kafeje (f)	[makínə kaféjɛ]
cafetière (f)	kafetierë (f)	[kafɛtiérə]
moulin (m) à café	mulli kafeje (f)	[muɫí káfɛjɛ]

bouilloire (f)	çajnik (m)	[tʃajník]
théière (f)	çajnik (m)	[tʃajník]
couvercle (m)	kapak (m)	[kapák]
passoire (f) à thé	sitë çaji (f)	[sítə tʃáji]

cuillère (f)	lugë (f)	[lúgə]
petite cuillère (f)	lugë çaji (f)	[lúgə tʃáji]
cuillère (f) à soupe	lugë gjelle (f)	[lúgə ɟéɫɛ]
fourchette (f)	pirun (m)	[pirún]
couteau (m)	thikë (f)	[θíkə]

vaisselle (f)	enë kuzhine (f)	[énə kuʒínɛ]
assiette (f)	pjatë (f)	[pjátə]
soucoupe (f)	pjatë filxhani (f)	[pjátə fildʒáni]

verre (m) à shot	potir (m)	[potír]
verre (m) (~ d'eau)	gotë (f)	[gótə]
tasse (f)	filxhan (m)	[fildʒán]

sucrier (m)	tas për sheqer (m)	[tas pər ʃecér]
salière (f)	kripore (f)	[kripórɛ]
poivrière (f)	enë piperi (f)	[énə pipéri]
beurrier (m)	pjatë gjalpi (f)	[pjátə ɟálpi]

casserole (f)	tenxhere (f)	[tɛndʒérɛ]
poêle (f)	tigan (m)	[tigán]
louche (f)	garuzhdë (f)	[garúʒdə]
passoire (f)	kullesë (f)	[kuɫésə]
plateau (m)	tabaka (f)	[tabaká]

bouteille (f)	shishe (f)	[ʃíʃɛ]
bocal (m) (à conserves)	kavanoz (m)	[kavanóz]
boîte (f) en fer-blanc	kanoçe (f)	[kanótʃɛ]

ouvre-bouteille (m)	hapëse shishesh (f)	[hapəsé ʃíʃɛʃ]
ouvre-boîte (m)	hapëse kanoçesh (f)	[hapəsé kanótʃɛʃ]
tire-bouchon (m)	turjelë tapash (f)	[turjélə tápaʃ]
filtre (m)	filtër (m)	[fíltər]
filtrer (vt)	filtroj	[filtrój]

| ordures (f pl) | pleh (m) | [plɛh] |
| poubelle (f) | kosh plehrash (m) | [koʃ pléhraʃ] |

72. La salle de bains

salle (f) de bains	banjo (f)	[báɲo]
eau (f)	ujë (f)	[újə]
robinet (m)	rubinet (m)	[rubinét]
eau (f) chaude	ujë i nxehtë (f)	[újə i ndzéhtə]
eau (f) froide	ujë i ftohtë (f)	[újə i ftóhtə]

dentifrice (m)	pastë dhëmbësh (f)	[pástə ðémbəʃ]
se brosser les dents	laj dhëmbët	[laj ðémbət]
brosse (f) à dents	furçë dhëmbësh (f)	[fúrtʃə ðémbəʃ]

se raser (vp)	rruhem	[rúhɛm]
mousse (f) à raser	shkumë rroje (f)	[ʃkumə rójɛ]
rasoir (m)	brisk (m)	[brísk]

laver (vt)	laj duart	[laj dúart]
se laver (vp)	lahem	[láhɛm]
douche (f)	dush (m)	[duʃ]
prendre une douche	bëj dush	[bəj dúʃ]
baignoire (f)	vaskë (f)	[váskə]
cuvette (f)	tualet (m)	[tualét]

lavabo (m)	lavaman (m)	[lavamán]
savon (m)	sapun (m)	[sapún]
porte-savon (m)	pjatë sapuni (f)	[pjátə sapúni]
éponge (f)	sfungjer (m)	[sfunɟér]
shampooing (m)	shampo (f)	[ʃampó]
serviette (f)	peshqir (m)	[pɛʃcír]
peignoir (m) de bain	peshqir trupi (m)	[pɛʃcír trúpi]
lessive (f) (faire la ~)	larje (f)	[lárjɛ]
machine (f) à laver	makinë larëse (f)	[makínə lárəsɛ]
faire la lessive	laj rroba	[laj róba]
lessive (f) (poudre)	detergjent (m)	[dɛtɛrɟént]

73. Les appareils électroménagers

téléviseur (m)	televizor (m)	[tɛlɛvizór]
magnétophone (m)	inçizues me shirit (m)	[intʃizúɛs mɛ ʃirít]
magnétoscope (m)	video regjistrues (m)	[vídɛo rɛɟistrúɛs]
radio (f)	radio (f)	[rádio]
lecteur (m)	kasetofon (m)	[kasɛtofón]
vidéoprojecteur (m)	projektor (m)	[projɛktór]
home cinéma (m)	kinema shtëpie (f)	[kinɛmá ʃtəpíɛ]
lecteur DVD (m)	DVD player (m)	[dividí plɛjər]
amplificateur (m)	amplifikator (m)	[amplifikatór]
console (f) de jeux	konsol video loje (m)	[konsól vídɛo lójɛ]
caméscope (m)	videokamerë (f)	[vidɛokamérə]
appareil (m) photo	aparat fotografik (m)	[aparát fotografík]
appareil (m) photo numérique	kamerë digjitale (f)	[kamérə diɟitálɛ]
aspirateur (m)	fshesë elektrike (f)	[fʃésə ɛlɛktríkɛ]
fer (m) à repasser	hekur (m)	[hékur]
planche (f) à repasser	tryezë për hekurosje (f)	[tryézə pər hɛkurósjɛ]
téléphone (m)	telefon (m)	[tɛlɛfón]
portable (m)	celular (m)	[tsɛlulár]
machine (f) à écrire	makinë shkrimi (f)	[makínə ʃkrími]
machine (f) à coudre	makinë qepëse (f)	[makínə cépəsɛ]
micro (m)	mikrofon (m)	[mikrofón]
écouteurs (m pl)	kufje (f)	[kúfjɛ]
télécommande (f)	telekomandë (f)	[tɛlɛkomándə]
CD (m)	CD (f)	[tsɛdé]
cassette (f)	kasetë (f)	[kasétə]
disque (m) (vinyle)	pllakë gramafoni (f)	[pɫákə gramafóni]

LA TERRE. LE TEMPS

74. L'espace cosmique

cosmos (m)	**hapësirë** (f)	[hapəsírə]
cosmique (adj)	**hapësinor**	[hapəsinór]
espace (m) cosmique	**kozmos** (m)	[kozmós]
monde (m)	**botë** (f)	[bótə]
univers (m)	**univers**	[univérs]
galaxie (f)	**galaksi** (f)	[galaksí]
étoile (f)	**yll** (m)	[yɫ]
constellation (f)	**yllësi** (f)	[yɫəsí]
planète (f)	**planet** (m)	[planét]
satellite (m)	**satelit** (m)	[satɛlít]
météorite (m)	**meteor** (m)	[mɛtɛór]
comète (f)	**kometë** (f)	[komÉtə]
astéroïde (m)	**asteroid** (m)	[astɛroíd]
orbite (f)	**orbitë** (f)	[orbítə]
tourner (vi)	**rrotullohet**	[rotuɫóhɛt]
atmosphère (f)	**atmosferë** (f)	[atmosférə]
Soleil (m)	**Dielli** (m)	[diéɫi]
système (m) solaire	**sistemi diellor** (m)	[sistémi diɛɫór]
éclipse (f) de soleil	**eklips diellor** (m)	[ɛklíps diɛɫór]
Terre (f)	**Toka** (f)	[tóka]
Lune (f)	**Hëna** (f)	[héna]
Mars (m)	**Marsi** (m)	[mársi]
Vénus (f)	**Venera** (f)	[vɛnéra]
Jupiter (m)	**Jupiteri** (m)	[jupitéri]
Saturne (m)	**Saturni** (m)	[satúrni]
Mercure (m)	**Merkuri** (m)	[mɛrkúri]
Uranus (m)	**Urani** (m)	[uráni]
Neptune	**Neptuni** (m)	[nɛptúni]
Pluton (m)	**Pluto** (f)	[plúto]
la Voie Lactée	**Rruga e Qumështit** (f)	[rúga ɛ cúməʃtit]
la Grande Ours	**Arusha e Madhe** (f)	[arúʃa ɛ máðɛ]
la Polaire	**ylli i Veriut** (m)	[ýɫi i vériut]
martien (m)	**Marsian** (m)	[marsián]
extraterrestre (m)	**jashtëtokësor** (m)	[jaʃtətokəsór]
alien (m)	**alien** (m)	[alién]

soucoupe (f) volante	disk fluturues (m)	[dísk fluturúɛs]
vaisseau (m) spatial	anije kozmike (f)	[aníjɛ kozmíkɛ]
station (f) orbitale	stacion kozmik (m)	[statsión kozmík]
lancement (m)	ngritje (f)	[ŋrítjɛ]
moteur (m)	motor (m)	[motór]
tuyère (f)	dizë (f)	[dízə]
carburant (m)	karburant (m)	[karburánt]
cabine (f)	kabinë pilotimi (f)	[kabínə pilotími]
antenne (f)	antenë (f)	[anténə]
hublot (m)	dritare anësore (f)	[dritárɛ anəsórɛ]
batterie (f) solaire	panel solar (m)	[panél solár]
scaphandre (m)	veshje astronauti (f)	[véʃjɛ astronáuti]
apesanteur (f)	mungesë graviteti (f)	[muŋésə gravitéti]
oxygène (m)	oksigjen (m)	[oksiɟén]
arrimage (m)	ndërlidhje në hapësirë (f)	[ndərlíðjɛ nə hapəsírə]
s'arrimer à ...	stacionohem	[statsionóhɛm]
observatoire (m)	observator (m)	[obsɛrvatór]
télescope (m)	teleskop (m)	[tɛlɛskóp]
observer (vt)	vëzhgoj	[vəʒgój]
explorer (un cosmos)	eksploroj	[ɛksplorój]

75. La Terre

Terre (f)	Toka (f)	[tóka]
globe (m) terrestre	globi (f)	[glóbi]
planète (f)	planet (m)	[planét]
atmosphère (f)	atmosferë (f)	[atmosférə]
géographie (f)	gjeografi (f)	[ɟɛografí]
nature (f)	natyrë (f)	[natýrə]
globe (m) de table	glob (m)	[glob]
carte (f)	hartë (f)	[hártə]
atlas (m)	atlas (m)	[atlás]
Europe (f)	Evropa (f)	[ɛvrópa]
Asie (f)	Azia (f)	[azía]
Afrique (f)	Afrika (f)	[afríka]
Australie (f)	Australia (f)	[australía]
Amérique (f)	Amerika (f)	[amɛríka]
Amérique (f) du Nord	Amerika Veriore (f)	[amɛríka vɛriórɛ]
Amérique (f) du Sud	Amerika Jugore (f)	[amɛríka jugórɛ]
l'Antarctique (m)	Antarktika (f)	[antarktíka]
l'Arctique (m)	Arktiku (m)	[arktíku]

76. Les quatre parties du monde

nord (m)	veri (m)	[vɛrí]
vers le nord	drejt veriut	[dréjt vériut]
au nord	në veri	[nə vɛrí]
du nord (adj)	verior	[vɛriór]
sud (m)	jug (m)	[jug]
vers le sud	drejt jugut	[dréjt júgut]
au sud	në jug	[nə jug]
du sud (adj)	jugor	[jugór]
ouest (m)	perëndim (m)	[pɛrəndím]
vers l'occident	drejt perëndimit	[dréjt pɛrəndímit]
à l'occident	në perëndim	[nə pɛrəndím]
occidental (adj)	perëndimor	[pɛrəndimór]
est (m)	lindje (f)	[líndjɛ]
vers l'orient	drejt lindjes	[dréjt líndjɛs]
à l'orient	në lindje	[nə líndjɛ]
oriental (adj)	lindor	[lindór]

77. Les océans et les mers

mer (f)	det (m)	[dét]
océan (m)	oqean (m)	[ocɛán]
golfe (m)	gji (m)	[ɟi]
détroit (m)	ngushticë (f)	[ɲuʃtítsə]
terre (f) ferme	tokë (f)	[tókə]
continent (m)	kontinent (m)	[kontinént]
île (f)	ishull (m)	[íʃuɫ]
presqu'île (f)	gadishull (m)	[gadíʃuɫ]
archipel (m)	arkipelag (m)	[arkipɛlág]
baie (f)	gji (m)	[ɟi]
port (m)	port (m)	[port]
lagune (f)	lagunë (f)	[lagúnə]
cap (m)	kep (m)	[kɛp]
atoll (m)	atol (m)	[atól]
récif (m)	shkëmb nënujor (m)	[ʃkəmb nənujór]
corail (m)	koral (m)	[korál]
récif (m) de corail	korale nënujorë (f)	[korálɛ nənujórə]
profond (adj)	i thellë	[i θéɫə]
profondeur (f)	thellësi (f)	[θɛɫəsí]
abîme (m)	humnerë (f)	[humnérə]
fosse (f) océanique	hendek (m)	[hɛndék]
courant (m)	rrymë (f)	[rýmə]
baigner (vt) (mer)	rrethohet	[rɛθóhɛt]

littoral (m)	breg (m)	[brɛg]
côte (f)	bregdet (m)	[brɛgdét]

marée (f) haute	batica (f)	[batítsa]
marée (f) basse	zbaticë (f)	[zbatítsə]
banc (m) de sable	cekëtinë (f)	[tsɛkətínə]
fond (m)	fund i detit (m)	[fúnd i détit]

vague (f)	dallgë (f)	[dáɫgə]
crête (f) de la vague	kreshtë (f)	[kréʃtə]
mousse (f)	shkumë (f)	[ʃkúmə]

tempête (f) en mer	stuhi (f)	[stuhí]
ouragan (m)	uragan (m)	[uragán]
tsunami (m)	cunam (m)	[tsunám]
calme (m)	qetësi (f)	[cɛtəsí]
calme (tranquille)	i qetë	[i cétə]

pôle (m)	pol (m)	[pol]
polaire (adj)	polar	[polár]

latitude (f)	gjerësi (f)	[ɟɛrəsí]
longitude (f)	gjatësi (f)	[ɟatəsí]
parallèle (f)	paralele (f)	[paralélɛ]
équateur (m)	ekuator (m)	[ɛkuatór]

ciel (m)	qiell (m)	[cíɛɫ]
horizon (m)	horizont (m)	[horizónt]
air (m)	ajër (m)	[ájər]

phare (m)	fanar (m)	[fanár]
plonger (vi)	zhytem	[ʒýtɛm]
sombrer (vi)	fundosje	[fundósjɛ]
trésor (m)	thesare (pl)	[θɛsárɛ]

78. Les noms des mers et des océans

océan (m) Atlantique	Oqeani Atlantik (m)	[ocɛáni atlantík]
océan (m) Indien	Oqeani Indian (m)	[ocɛáni indián]
océan (m) Pacifique	Oqeani Paqësor (m)	[ocɛáni pacəsór]
océan (m) Glacial	Oqeani Arktik (m)	[ocɛáni arktík]

mer (f) Noire	Deti i Zi (m)	[déti i zí]
mer (f) Rouge	Deti i Kuq (m)	[déti i kúc]
mer (f) Jaune	Deti i Verdhë (m)	[déti i vérðə]
mer (f) Blanche	Deti i Bardhë (m)	[déti i bárðə]

mer (f) Caspienne	Deti Kaspik (m)	[déti kaspík]
mer (f) Morte	Deti i Vdekur (m)	[déti i vdékur]
mer (f) Méditerranée	Deti Mesdhe (m)	[déti mɛsðé]

mer (f) Égée	Deti Egje (m)	[déti ɛɟé]
mer (f) Adriatique	Deti Adriatik (m)	[déti adriatík]
mer (f) Arabique	Deti Arab (m)	[déti aráb]

mer (f) du Japon	**Deti i Japonisë** (m)	[déti i japonísə]
mer (f) de Béring	**Deti Bering** (m)	[déti bériŋ]
mer (f) de Chine Méridionale	**Deti i Kinës Jugore** (m)	[déti i kínəs jugórɛ]
mer (f) de Corail	**Deti Koral** (m)	[déti korál]
mer (f) de Tasman	**Deti Tasman** (m)	[déti tasmán]
mer (f) Caraïbe	**Deti i Karaibeve** (m)	[déti i karaíbɛvɛ]
mer (f) de Barents	**Deti Barents** (m)	[déti barénts]
mer (f) de Kara	**Deti Kara** (m)	[déti kára]
mer (f) du Nord	**Deti i Veriut** (m)	[déti i vériut]
mer (f) Baltique	**Deti Baltik** (m)	[déti baltík]
mer (f) de Norvège	**Deti Norvegjez** (m)	[déti norvɛɟéz]

79. Les montagnes

montagne (f)	**mal** (m)	[mal]
chaîne (f) de montagnes	**vargmal** (m)	[vargmál]
crête (f)	**kresht malor** (m)	[kréʃt malór]
sommet (m)	**majë** (f)	[májə]
pic (m)	**maja më e lartë** (f)	[mája mə ɛ lártə]
pied (m)	**rrëza e malit** (f)	[rəza ɛ málit]
pente (f)	**shpat** (m)	[ʃpat]
volcan (m)	**vullkan** (m)	[vuɫkán]
volcan (m) actif	**vullkan aktiv** (m)	[vuɫkán aktív]
volcan (m) éteint	**vullkan i fjetur** (m)	[vuɫkán i fjétur]
éruption (f)	**shpërthim** (m)	[ʃpərθím]
cratère (m)	**krater** (m)	[kratér]
magma (m)	**magmë** (f)	[mágmə]
lave (f)	**llavë** (f)	[ɫávə]
en fusion (lave ~)	**i shkrirë**	[i ʃkrírə]
canyon (m)	**kanion** (m)	[kanión]
défilé (m) (gorge)	**grykë** (f)	[grýkə]
crevasse (f)	**çarje** (f)	[tʃárjɛ]
précipice (m)	**humnerë** (f)	[humnérə]
col (m) de montagne	**kalim** (m)	[kalím]
plateau (m)	**pllajë** (f)	[pɫájə]
rocher (m)	**shkëmb** (m)	[ʃkəmb]
colline (f)	**kodër** (f)	[kódər]
glacier (m)	**akullnajë** (f)	[akuɫnájə]
chute (f) d'eau	**ujëvarë** (f)	[ujəvárə]
geyser (m)	**gejzer** (m)	[gɛjzér]
lac (m)	**liqen** (m)	[licén]
plaine (f)	**fushë** (f)	[fúʃə]
paysage (m)	**peizazh** (m)	[pɛizáʒ]
écho (m)	**jehonë** (f)	[jɛhónə]

alpiniste (m)	alpinist (m)	[alpiníst]
varappeur (m)	alpinist shkëmbßinjsh (m)	[alpiníst ʃkəmbiɲʃ]
conquérir (vt)	pushtoj majën	[puʃtój májən]
ascension (f)	ngjitje (f)	[ɲítjɛ]

80. Les noms des chaînes de montagne

Alpes (f pl)	Alpet (pl)	[alpét]
Mont Blanc (m)	Montblanc (m)	[montblánk]
Pyrénées (f pl)	Pirenejet (pl)	[pirɛnéjɛt]
Carpates (f pl)	Karpatet (m)	[karpátɛt]
Monts Oural (m pl)	Malet Urale (pl)	[málɛt urálɛ]
Caucase (m)	Malet Kaukaze (pl)	[málɛt kaukázɛ]
Elbrous (m)	Mali Elbrus (m)	[máli ɛlbrús]
Altaï (m)	Malet Altai (pl)	[málɛt altái]
Tian Chan (m)	Tian Shani (m)	[tían ʃáni]
Pamir (m)	Malet e Pamirit (m)	[málɛt ɛ pamírit]
Himalaya (m)	Himalajet (pl)	[himalájɛt]
Everest (m)	Mali Everest (m)	[máli ɛvɛrést]
Andes (f pl)	andet (pl)	[ándɛt]
Kilimandjaro (m)	Mali Kilimanxharo (m)	[máli kilimandʒáro]

81. Les fleuves

rivière (f), fleuve (m)	lum (m)	[lum]
source (f)	burim (m)	[burím]
lit (m) (d'une rivière)	shtrat lumi (m)	[ʃtrat lúmi]
bassin (m)	basen (m)	[basén]
se jeter dans ...	rrjedh ...	[rjéð ...]
affluent (m)	derdhje (f)	[dérðjɛ]
rive (f)	breg (m)	[brɛg]
courant (m)	rrymë (f)	[rýmə]
en aval	rrjedhje e poshtme	[rjéðjɛ ɛ póʃtmɛ]
en amont	rrjedhje e sipërme	[rjéðjɛ ɛ sípərmɛ]
inondation (f)	vërshim (m)	[vərʃím]
les grandes crues	përmbytje (f)	[pərmbýtjɛ]
déborder (vt)	vërshon	[vərʃón]
inonder (vt)	përmbytet	[pərmbýtɛt]
bas-fond (m)	cekëtinë (f)	[tsɛkətínə]
rapide (m)	rrjedhë (f)	[rjéðə]
barrage (m)	digë (f)	[dígə]
canal (m)	kanal (m)	[kanál]
lac (m) de barrage	rezervuar (m)	[rɛzɛrvuár]
écluse (f)	pendë ujore (f)	[péndə ujórɛ]

plan (m) d'eau	plan hidrik (m)	[plan hidrík]
marais (m)	kënetë (f)	[kənétə]
fondrière (f)	moçal (m)	[motʃ ál]
tourbillon (m)	vorbull (f)	[vórbuɬ]

ruisseau (m)	përrua (f)	[pərúa]
potable (adj)	i pijshëm	[i píjʃəm]
douce (l'eau ~)	i freskët	[i fréskət]

| glace (f) | akull (m) | [ákuɬ] |
| être gelé | ngrihet | [ŋríhɛt] |

82. Les noms des fleuves

| Seine (f) | Sena (f) | [séna] |
| Loire (f) | Loire (f) | [luar] |

Tamise (f)	Temza (f)	[témza]
Rhin (m)	Rajnë (m)	[rájnə]
Danube (m)	Danubi (m)	[danúbi]

Volga (f)	Volga (f)	[vólga]
Don (m)	Doni (m)	[dóni]
Lena (f)	Lena (f)	[léna]

Huang He (m)	Lumi i Verdhë (m)	[lúmi i vérðə]
Yangzi Jiang (m)	Jangce (f)	[jaŋtsé]
Mékong (m)	Mekong (m)	[mɛkóŋ]
Gange (m)	Gang (m)	[gaŋ]

Nil (m)	Lumi Nil (m)	[lúmi nil]
Congo (m)	Lumi Kongo (m)	[lúmi kóŋo]
Okavango (m)	Lumi Okavango (m)	[lúmi okaváŋo]
Zambèze (m)	Lumi Zambezi (m)	[lúmi zambézi]
Limpopo (m)	Lumi Limpopo (m)	[lúmi limpópo]
Mississippi (m)	Lumi Misisipi (m)	[lúmi misisípi]

83. La forêt

| forêt (f) | pyll (m) | [pyɬ] |
| forestier (adj) | pyjor | [pyjór] |

fourré (m)	pyll i ngjeshur (m)	[pyɬ i nɉéʃur]
bosquet (m)	zabel (m)	[zabél]
clairière (f)	lëndinë (f)	[ləndínə]

| broussailles (f pl) | pyllëz (m) | [pýɬəz] |
| taillis (m) | shkurre (f) | [ʃkúrɛ] |

sentier (m)	shteg (m)	[ʃtɛg]
ravin (m)	hon (m)	[hon]
arbre (m)	pemë (f)	[pémə]

| feuille (f) | gjeth (m) | [ɟɛθ] |
| feuillage (m) | gjethe (pl) | [ɟéθɛ] |

chute (f) de feuilles	rënie e gjetheve (f)	[rǝníɛ ɛ ɟéθɛvɛ]
tomber (feuilles)	bien	[bíɛn]
sommet (m)	maje (f)	[májɛ]

rameau (m)	degë (f)	[dégǝ]
branche (f)	degë (f)	[dégǝ]
bourgeon (m)	syth (m)	[syθ]
aiguille (f)	shtiza pishe (f)	[ʃtíza píʃɛ]
pomme (f) de pin	lule pishe (f)	[lúlɛ píʃɛ]

creux (m)	zgavër (f)	[zgávǝr]
nid (m)	fole (f)	[folé]
terrier (m) (~ d'un renard)	strofull (f)	[strófuɫ]

tronc (m)	trung (m)	[truŋ]
racine (f)	rrënjë (f)	[réɲǝ]
écorce (f)	lëvore (f)	[lǝvórɛ]
mousse (f)	myshk (m)	[myʃk]

déraciner (vt)	shkul	[ʃkul]
abattre (un arbre)	pres	[prɛs]
déboiser (vt)	shpyllëzoj	[ʃpyɫǝzój]
souche (f)	cung (m)	[tsúŋ]

feu (m) de bois	zjarr kampingu (m)	[zjar kampíŋu]
incendie (m)	zjarr në pyll (m)	[zjar nǝ pyɫ]
éteindre (feu)	shuaj	[ʃúaj]

garde (m) forestier	roje pyjore (f)	[rójɛ pyjórɛ]
protection (f)	mbrojtje (f)	[mbrójtjɛ]
protéger (vt)	mbroj	[mbrój]
braconnier (m)	gjahtar i jashtëligjshëm (m)	[ɟahtár i jaʃtǝlíɟʃǝm]
piège (m) à mâchoires	grackë (f)	[grátskǝ]

| cueillir (vt) | mbledh | [mbléð] |
| s'égarer (vp) | humb rrugën | [húmb rúgǝn] |

84. Les ressources naturelles

ressources (f pl) naturelles	burime natyrore (pl)	[burímɛ natyrórɛ]
minéraux (m pl)	minerale (pl)	[minɛrálɛ]
gisement (m)	depozita (pl)	[dɛpozíta]
champ (m) (~ pétrolifère)	fushë (f)	[fúʃǝ]

extraire (vt)	nxjerr	[ndzjér]
extraction (f)	nxjerrje mineralesh (f)	[ndzjérjɛ minɛrálɛʃ]
minerai (m)	xehe (f)	[dzéhɛ]
mine (f) (site)	minierë (f)	[miniérǝ]
puits (m) de mine	nivel (m)	[nivél]
mineur (m)	minator (m)	[minatór]
gaz (m)	gaz (m)	[gaz]

gazoduc (m)	gazsjellës (m)	[gazsjéɫəs]
pétrole (m)	naftë (f)	[náftə]
pipeline (m)	naftësjellës (f)	[naftəsjéɫəs]
tour (f) de forage	pus nafte (m)	[pus náftɛ]
derrick (m)	burim nafte (m)	[burím náftɛ]
pétrolier (m)	anije-cisternë (f)	[aníjɛ-tsistérnə]
sable (m)	rërë (f)	[rérə]
calcaire (m)	gur gëlqeror (m)	[gur gəlcɛrór]
gravier (m)	zhavorr (m)	[ʒavór]
tourbe (f)	torfë (f)	[tórfə]
argile (f)	argjilë (f)	[aɲílə]
charbon (m)	qymyr (m)	[cymýr]
fer (m)	hekur (m)	[hékur]
or (m)	ar (m)	[ár]
argent (m)	argjend (m)	[aɲénd]
nickel (m)	nikel (m)	[nikél]
cuivre (m)	bakër (m)	[bákər]
zinc (m)	zink (m)	[zink]
manganèse (m)	mangan (m)	[maŋán]
mercure (m)	merkur (m)	[mɛrkúr]
plomb (m)	plumb (m)	[plúmb]
minéral (m)	mineral (m)	[minɛrál]
cristal (m)	kristal (m)	[kristál]
marbre (m)	mermer (m)	[mɛrmér]
uranium (m)	uranium (m)	[uraniúm]

85. Le temps

temps (m)	moti (m)	[móti]
météo (f)	parashikimi i motit (m)	[paraʃikími i mótit]
température (f)	temperaturë (f)	[tɛmpɛratúrə]
thermomètre (m)	termometër (m)	[tɛrmométər]
baromètre (m)	barometër (m)	[barométər]
humide (adj)	i lagësht	[i lágəʃt]
humidité (f)	lagështi (f)	[lagəʃtí]
chaleur (f) (canicule)	vapë (f)	[vápə]
torride (adj)	shumë nxehtë	[ʃúmə ndzéhtə]
il fait très chaud	është nxehtë	[éʃtə ndzéhtə]
il fait chaud	është ngrohtë	[éʃtə ŋróhtə]
chaud (modérément)	ngrohtë	[ŋróhtə]
il fait froid	bën ftohtë	[bən ftóhtə]
froid (adj)	i ftohtë	[i ftóhtə]
soleil (m)	diell (m)	[díɛɫ]
briller (soleil)	ndriçon	[ndritʃón]
ensoleillé (jour ~)	me diell	[mɛ díɛɫ]

se lever (vp)	**agon**	[agón]
se coucher (vp)	**perëndon**	[pɛrəndón]
nuage (m)	**re** (f)	[rɛ]
nuageux (adj)	**vranët**	[vránət]
nuée (f)	**re shiu** (f)	[rɛ ʃíu]
sombre (adj)	**vranët**	[vránət]
pluie (f)	**shi** (m)	[ʃi]
il pleut	**bie shi**	[bíɛ ʃi]
pluvieux (adj)	**me shi**	[mɛ ʃi]
bruiner (v imp)	**shi i imët**	[ʃi i ímət]
pluie (f) torrentielle	**shi litar** (m)	[ʃi litár]
averse (f)	**stuhi shiu** (f)	[stuhí ʃíu]
forte (la pluie ~)	**i fortë**	[i fórtə]
flaque (f)	**brakë** (f)	[brákə]
se faire mouiller	**lagem**	[lágɛm]
brouillard (m)	**mjegull** (f)	[mjéguɫ]
brumeux (adj)	**e mjegullt**	[ɛ mjéguɫt]
neige (f)	**borë** (f)	[bórə]
il neige	**bie borë**	[bíɛ bórə]

86. Les intempéries. Les catastrophes naturelles

orage (m)	**stuhi** (f)	[stuhí]
éclair (m)	**vetëtimë** (f)	[vɛtətímə]
éclater (foudre)	**vetëton**	[vɛtətón]
tonnerre (m)	**bubullimë** (f)	[bubuɫímə]
gronder (tonnerre)	**bubullon**	[bubuɫón]
le tonnerre gronde	**bubullon**	[bubuɫón]
grêle (f)	**breshër** (m)	[bréʃər]
il grêle	**po bie breshër**	[po biɛ bréʃər]
inonder (vt)	**përmbytet**	[pərmbýtɛt]
inondation (f)	**përmbytje** (f)	[pərmbýtjɛ]
tremblement (m) de terre	**tërmet** (m)	[tərmét]
secousse (f)	**lëkundje** (f)	[ləkúndjɛ]
épicentre (m)	**epiqendër** (f)	[ɛpicéndər]
éruption (f)	**shpërthim** (m)	[ʃpərθím]
lave (f)	**llavë** (f)	[ɫávə]
tourbillon (m)	**vorbull** (f)	[vórbuɫ]
tornade (f)	**tornado** (f)	[tornádo]
typhon (m)	**tajfun** (m)	[tajfún]
ouragan (m)	**uragan** (m)	[uragán]
tempête (f)	**stuhi** (f)	[stuhí]
tsunami (m)	**cunam** (m)	[tsunám]

cyclone (m)	**ciklon** (m)	[tsiklón]
intempéries (f pl)	**mot i keq** (m)	[mot i kɛc]
incendie (m)	**zjarr** (m)	[zjar]
catastrophe (f)	**fatkeqësi** (f)	[fatkɛcəsí]
météorite (m)	**meteor** (m)	[mɛtɛór]
avalanche (f)	**ortek** (m)	[orték]
éboulement (m)	**rrëshqitje bore** (f)	[rəʃcítjɛ bórɛ]
blizzard (m)	**stuhi bore** (f)	[stuhí bórɛ]
tempête (f) de neige	**stuhi bore** (f)	[stuhí bórɛ]

LA FAUNE

87. Les mammifères. Les prédateurs

prédateur (m)	grabitqar (m)	[grabitcár]
tigre (m)	tigër (m)	[tígər]
lion (m)	luan (m)	[luán]
loup (m)	ujk (m)	[ujk]
renard (m)	dhelpër (f)	[ðélpər]
jaguar (m)	jaguar (m)	[jaguár]
léopard (m)	leopard (m)	[lɛopárd]
guépard (m)	gepard (m)	[gɛpárd]
panthère (f)	panterë e zezë (f)	[pantérə ɛ zézə]
puma (m)	puma (f)	[púma]
léopard (m) de neiges	leopard i borës (m)	[lɛopárd i bórəs]
lynx (m)	rrëqebull (m)	[rəcébuɫ]
coyote (m)	kojotë (f)	[kojótə]
chacal (m)	çakall (m)	[tʃakáɫ]
hyène (f)	hienë (f)	[hiénə]

88. Les animaux sauvages

animal (m)	kafshë (f)	[káfʃə]
bête (f)	bishë (f)	[bíʃə]
écureuil (m)	ketër (m)	[kétər]
hérisson (m)	iriq (m)	[iríc]
lièvre (m)	lepur i egër (m)	[lépur i égər]
lapin (m)	lepur (m)	[lépur]
blaireau (m)	vjedull (f)	[vjéduɫ]
raton (m)	rakun (m)	[rakún]
hamster (m)	hamster (m)	[hamstér]
marmotte (f)	marmot (m)	[marmót]
taupe (f)	urith (m)	[uríθ]
souris (f)	mi (m)	[mi]
rat (m)	mi (m)	[mi]
chauve-souris (f)	lakuriq (m)	[lakuríc]
hermine (f)	herminë (f)	[hɛrmínə]
zibeline (f)	kunadhe (f)	[kunáðɛ]
martre (f)	shqarth (m)	[ʃcarθ]
belette (f)	nuselalë (f)	[nusɛlálə]
vison (m)	vizon (m)	[vizón]

| castor (m) | kastor (m) | [kastór] |
| loutre (f) | vidër (f) | [vídər] |

cheval (m)	kali (m)	[káli]
élan (m)	dre brilopatë (m)	[drɛ brilopátə]
cerf (m)	dre (f)	[drɛ]
chameau (m)	deve (f)	[dévɛ]

bison (m)	bizon (m)	[bizón]
aurochs (m)	bizon evropian (m)	[bizón ɛvropián]
buffle (m)	buall (m)	[búaɫ]

zèbre (m)	zebër (f)	[zébər]
antilope (f)	antilopë (f)	[antilópə]
chevreuil (m)	dre (f)	[drɛ]
biche (f)	dre ugar (m)	[drɛ ugár]
chamois (m)	kamosh (m)	[kamóʃ]
sanglier (m)	derr i egër (m)	[dér i égər]

baleine (f)	balenë (f)	[balénə]
phoque (m)	fokë (f)	[fókə]
morse (m)	lopë deti (f)	[lópə déti]
ours (m) de mer	fokë (f)	[fókə]
dauphin (m)	delfin (m)	[dɛlfín]

ours (m)	ari (m)	[arí]
ours (m) blanc	ari polar (m)	[arí polár]
panda (m)	panda (f)	[pánda]

singe (m)	majmun (m)	[majmún]
chimpanzé (m)	shimpanze (f)	[ʃimpánzɛ]
orang-outang (m)	orangutan (m)	[oraŋután]
gorille (f)	gorillë (f)	[goríɫə]
macaque (m)	majmun makao (m)	[majmún makáo]
gibbon (m)	gibon (m)	[gibón]

éléphant (m)	elefant (m)	[ɛlɛfánt]
rhinocéros (m)	rinoqeront (m)	[rinocɛrónt]
girafe (f)	gjirafë (f)	[ɟiráfə]
hippopotame (m)	hipopotam (m)	[hipopotám]

| kangourou (m) | kangur (m) | [kaŋúr] |
| koala (m) | koala (f) | [koála] |

mangouste (f)	mangustë (f)	[maŋústə]
chinchilla (m)	çinçila (f)	[tʃintʃíla]
mouffette (f)	qelbës (m)	[célbəs]
porc-épic (m)	ferrëgjatë (m)	[fɛrəɟátə]

89. Les animaux domestiques

chat (m) (femelle)	mace (f)	[mátsɛ]
chat (m) (mâle)	maçok (m)	[matʃók]
chien (m)	qen (m)	[cɛn]

cheval (m)	**kali** (m)	[káli]
étalon (m)	**hamshor** (m)	[hamʃór]
jument (f)	**pelë** (f)	[pélə]
vache (f)	**lopë** (f)	[lópə]
taureau (m)	**dem** (m)	[dém]
bœuf (m)	**ka** (m)	[ka]
brebis (f)	**dele** (f)	[délɛ]
mouton (m)	**dash** (m)	[daʃ]
chèvre (f)	**dhi** (f)	[ði]
bouc (m)	**cjap** (m)	[tsjáp]
âne (m)	**gomar** (m)	[gomár]
mulet (m)	**mushkë** (f)	[múʃkə]
cochon (m)	**derr** (m)	[dɛr]
pourceau (m)	**derrkuc** (m)	[dɛrkúts]
lapin (m)	**lepur** (m)	[lépur]
poule (f)	**pulë** (f)	[púlə]
coq (m)	**gjel** (m)	[ɟél]
canard (m)	**rosë** (f)	[rósə]
canard (m) mâle	**rosak** (m)	[rosák]
oie (f)	**patë** (f)	[pátə]
dindon (m)	**gjel deti i egër** (m)	[ɟél déti i égər]
dinde (f)	**gjel deti** (m)	[ɟél déti]
animaux (m pl) domestiques	**kafshë shtëpiake** (f)	[káfʃə ʃtəpiákɛ]
apprivoisé (adj)	**i zbutur**	[i zbútur]
apprivoiser (vt)	**zbus**	[zbus]
élever (vt)	**rrit**	[rit]
ferme (f)	**fermë** (f)	[férmə]
volaille (f)	**pulari** (f)	[pularí]
bétail (m)	**bagëti** (f)	[bagətí]
troupeau (m)	**kope** (f)	[kopé]
écurie (f)	**stallë** (f)	[stáłə]
porcherie (f)	**stallë e derrave** (f)	[stáłə ɛ déravɛ]
vacherie (f)	**stallë e lopëve** (f)	[stáłə ɛ lópəvɛ]
cabane (f) à lapins	**kolibe lepujsh** (f)	[kolíbɛ lépujʃ]
poulailler (m)	**kotec** (m)	[kotéts]

90. Les oiseaux

oiseau (m)	**zog** (m)	[zog]
pigeon (m)	**pëllumb** (m)	[pəłúmb]
moineau (m)	**harabel** (m)	[harabél]
mésange (f)	**xhixhimës** (m)	[dʒidʒimés]
pie (f)	**laraskë** (f)	[laráskə]
corbeau (m)	**korb** (m)	[korb]

corneille (f)	sorrë (f)	[sórə]
choucas (m)	galë (f)	[gálə]
freux (m)	sorrë (f)	[sórə]
canard (m)	rosë (f)	[rósə]
oie (f)	patë (f)	[pátə]
faisan (m)	fazan (m)	[fazán]
aigle (m)	shqiponjë (f)	[ʃcipóɲə]
épervier (m)	gjeraqinë (f)	[ɟɛracínə]
faucon (m)	fajkua (f)	[fajkúa]
vautour (m)	hutë (f)	[hútə]
condor (m)	kondor (m)	[kondór]
cygne (m)	mjellmë (f)	[mjéɫmə]
grue (f)	lejlek (m)	[lɛjlék]
cigogne (f)	lejlek (m)	[lɛjlék]
perroquet (m)	papagall (m)	[papagáɫ]
colibri (m)	kolibri (m)	[kolíbri]
paon (m)	pallua (m)	[paɫúa]
autruche (f)	struc (m)	[struts]
héron (m)	çafkë (f)	[tʃáfkə]
flamant (m)	flamingo (m)	[flamíŋo]
pélican (m)	pelikan (m)	[pɛlikán]
rossignol (m)	bilbil (m)	[bilbíl]
hirondelle (f)	dallëndyshe (f)	[daɫəndýʃɛ]
merle (m)	mëllenjë (f)	[məɫéɲə]
grive (f)	grifsha (f)	[gríʃʃa]
merle (m) noir	mëllenjë (f)	[məɫéɲə]
martinet (m)	dallëndyshe (f)	[daɫəndýʃɛ]
alouette (f) des champs	thëllëzë (f)	[θəɫézə]
caille (f)	trumcak (m)	[trumtsák]
pivert (m)	qukapik (m)	[cukapík]
coucou (m)	kukuvajkë (f)	[kukuvájkə]
chouette (f)	buf (m)	[buf]
hibou (m)	buf mbretëror (m)	[buf mbrɛtərór]
tétras (m)	fazan i pyllit (m)	[fazán i pýɫit]
tétras-lyre (m)	fazan i zi (m)	[fazán i zí]
perdrix (f)	thëllëzë (f)	[θəɫézə]
étourneau (m)	gargull (m)	[gárguɫ]
canari (m)	kanarinë (f)	[kanarínə]
gélinotte (f) des bois	fazan mali (m)	[fazán máli]
pinson (m)	trishtil (m)	[triʃtíl]
bouvreuil (m)	trishtil dimri (m)	[triʃtíl dímri]
mouette (f)	pulëbardhë (f)	[puləbárðə]
albatros (m)	albatros (m)	[albatrós]
pingouin (m)	penguin (m)	[pɛŋuín]

91. Les poissons. Les animaux marins

brème (f)	krapuliq (m)	[krapulíc]
carpe (f)	krap (m)	[krap]
perche (f)	perç (m)	[pɛrtʃ]
silure (m)	mustak (m)	[musták]
brochet (m)	mlysh (m)	[mlýʃ]

saumon (m)	salmon (m)	[salmón]
esturgeon (m)	bli (m)	[blí]

hareng (m)	harengë (f)	[haréŋə]
saumon (m) atlantique	salmon Atlantiku (m)	[salmón atlantíku]
maquereau (m)	skumbri (m)	[skúmbri]
flet (m)	shojzë (f)	[ʃójzə]

sandre (f)	troftë (f)	[tróftə]
morue (f)	merluc (m)	[mɛrlúts]
thon (m)	tunë (f)	[túnə]
truite (f)	troftë (f)	[tróftə]

anguille (f)	ngjalë (f)	[ɲálə]
torpille (f)	peshk elektrik (m)	[pɛʃk ɛlɛktrík]
murène (f)	ngjalë morel (f)	[ɲálə morél]
piranha (m)	piranja (f)	[piráɲa]

requin (m)	peshkaqen (m)	[pɛʃkacén]
dauphin (m)	delfin (m)	[dɛlfín]
baleine (f)	balenë (f)	[balénə]

crabe (m)	gaforre (f)	[gafórɛ]
méduse (f)	kandil deti (m)	[kandíl déti]
pieuvre (f), poulpe (m)	oktapod (m)	[oktapód]

étoile (f) de mer	yll deti (m)	[yɫ déti]
oursin (m)	iriq deti (m)	[iríc déti]
hippocampe (m)	kalë deti (m)	[kálə déti]

huître (f)	midhje (f)	[míðjɛ]
crevette (f)	karkalec (m)	[karkaléts]
homard (m)	karavidhe (f)	[karavíðɛ]
langoustine (f)	karavidhe (f)	[karavíðɛ]

92. Les amphibiens. Les reptiles

serpent (m)	gjarpër (m)	[ɟárpər]
venimeux (adj)	helmues	[hɛlmúɛs]

vipère (f)	nepërka (f)	[nɛpérka]
cobra (m)	kobra (f)	[kóbra]
python (m)	piton (m)	[pitón]
boa (m)	boa (f)	[bóa]
couleuvre (f)	kular (m)	[kulár]

serpent (m) à sonnettes	gjarpër me zile (m)	[ɲárpər mɛ zílɛ]
anaconda (m)	anakonda (f)	[anakónda]
lézard (m)	hardhucë (f)	[harðútsə]
iguane (m)	iguana (f)	[iguána]
varan (m)	varan (m)	[varán]
salamandre (f)	salamandër (f)	[salamándər]
caméléon (m)	kameleon (m)	[kamɛlɛón]
scorpion (m)	akrep (m)	[akrép]
tortue (f)	breshkë (f)	[bréʃkə]
grenouille (f)	bretkosë (f)	[brɛtkósə]
crapaud (m)	zhabë (f)	[ʒábə]
crocodile (m)	krokodil (m)	[krokodíl]

93. Les insectes

insecte (m)	insekt (m)	[insékt]
papillon (m)	flutur (f)	[flútur]
fourmi (f)	milingonë (f)	[miliŋónə]
mouche (f)	mizë (f)	[mízə]
moustique (m)	mushkonjë (f)	[muʃkóɲə]
scarabée (m)	brumbull (m)	[brúmbuɫ]
guêpe (f)	grerëz (f)	[grérəz]
abeille (f)	bletë (f)	[blétə]
bourdon (m)	greth (m)	[grɛθ]
œstre (m)	zekth (m)	[zɛkθ]
araignée (f)	merimangë (f)	[mɛrimáɲə]
toile (f) d'araignée	rrjetë merimange (f)	[rjétə mɛrimáɲɛ]
libellule (f)	pilivesë (f)	[pilivésə]
sauterelle (f)	karkalec (m)	[karkaléts]
papillon (m)	molë (f)	[mólə]
cafard (m)	kacabu (f)	[katsabú]
tique (f)	rriqër (m)	[rícər]
puce (f)	plesht (m)	[plɛʃt]
moucheron (m)	mushicë (f)	[muʃítsə]
criquet (m)	gjinkallë (f)	[ɲinkáɫə]
escargot (m)	kërmill (m)	[kərmíɫ]
grillon (m)	bulkth (m)	[búlkθ]
luciole (f)	xixëllonjë (f)	[dzidzəɫóɲə]
coccinelle (f)	mollëkuqe (f)	[moɫəkúcɛ]
hanneton (m)	vizhë (f)	[víʒə]
sangsue (f)	shushunjë (f)	[ʃuʃúɲə]
chenille (f)	vemje (f)	[vémjɛ]
ver (m)	krimb toke (m)	[krímb tókɛ]
larve (f)	larvë (f)	[lárvə]

LA FLORE

94. Les arbres

arbre (m)	pemë (f)	[pémə]
à feuilles caduques	gjethor	[ɟɛθór]
conifère (adj)	halor	[halór]
à feuilles persistantes	përherë të gjelbra	[pərhérə tə ɟélbra]
pommier (m)	pemë molle (f)	[pémə móɬɛ]
poirier (m)	pemë dardhe (f)	[pémə dárðɛ]
merisier (m)	pemë qershie (f)	[pémə cɛrʃíɛ]
cerisier (m)	pemë qershi vishnje (f)	[pémə cɛrʃí víʃɲɛ]
prunier (m)	pemë kumbulle (f)	[pémə kúmbuɬɛ]
bouleau (m)	mështekna (f)	[məʃtékna]
chêne (m)	lis (m)	[lis]
tilleul (m)	bli (m)	[blí]
tremble (m)	plep i egër (m)	[plɛp i égər]
érable (m)	panjë (f)	[páɲə]
épicéa (m)	bredh (m)	[brɛð]
pin (m)	pishë (f)	[píʃə]
mélèze (m)	larsh (m)	[lárʃ]
sapin (m)	bredh i bardhë (m)	[brɛð i bárðə]
cèdre (m)	kedër (m)	[kédər]
peuplier (m)	plep (m)	[plɛp]
sorbier (m)	vadhë (f)	[váðə]
saule (m)	shelg (m)	[ʃɛlg]
aune (m)	verr (m)	[vɛr]
hêtre (m)	ah (m)	[ah]
orme (m)	elm (m)	[élm]
frêne (m)	shelg (m)	[ʃɛlg]
marronnier (m)	gështenjë (f)	[gəʃtéɲə]
magnolia (m)	manjolia (f)	[maɲólia]
palmier (m)	palma (f)	[pálma]
cyprès (m)	qiparis (m)	[ciparís]
palétuvier (m)	rizoforë (f)	[rizofórə]
baobab (m)	baobab (m)	[baobáb]
eucalyptus (m)	eukalipt (m)	[ɛukalípt]
séquoia (m)	sekuojë (f)	[sɛkuójə]

95. Les arbustes

buisson (m)	shkurre (f)	[ʃkúrɛ]
arbrisseau (m)	kaçube (f)	[katʃúbɛ]

vigne (f)	**hardhi** (f)	[harðí]
vigne (f) (vignoble)	**vreshtë** (f)	[vréʃtə]
framboise (f)	**mjedër** (f)	[mjédər]
cassis (m)	**kaliboba e zezë** (f)	[kalibóba ɛ zézə]
groseille (f) rouge	**kaliboba e kuqe** (f)	[kalibóba ɛ kúcɛ]
groseille (f) verte	**shkurre kulumbrie** (f)	[ʃkúrɛ kulumbríɛ]
acacia (m)	**akacie** (f)	[akátsiɛ]
berbéris (m)	**krespinë** (f)	[krɛspínə]
jasmin (m)	**jasemin** (m)	[jasɛmín]
genévrier (m)	**dëllinjë** (f)	[dətíɲə]
rosier (m)	**trëndafil** (m)	[trəndafíl]
églantier (m)	**trëndafil i egër** (m)	[trəndafíl i égər]

96. Les fruits. Les baies

fruit (m)	**frut** (m)	[frut]
fruits (m pl)	**fruta** (pl)	[frúta]
pomme (f)	**mollë** (f)	[móɬə]
poire (f)	**dardhë** (f)	[dárðə]
prune (f)	**kumbull** (f)	[kúmbuɬ]
fraise (f)	**luleshtrydhe** (f)	[lulɛʃtrýðɛ]
cerise (f)	**qershi vishnje** (f)	[cɛrʃí víʃɲɛ]
merise (f)	**qershi** (f)	[cɛrʃí]
raisin (m)	**rrush** (m)	[ruʃ]
framboise (f)	**mjedër** (f)	[mjédər]
cassis (m)	**kaliboba e zezë** (f)	[kalibóba ɛ zézə]
groseille (f) rouge	**kaliboba e kuqe** (f)	[kalibóba ɛ kúcɛ]
groseille (f) verte	**kulumbri** (f)	[kulumbrí]
canneberge (f)	**boronica** (f)	[boronítsa]
orange (f)	**portokall** (m)	[portokáɬ]
mandarine (f)	**mandarinë** (f)	[mandarínə]
ananas (m)	**ananas** (m)	[ananás]
banane (f)	**banane** (f)	[banánɛ]
datte (f)	**hurmë** (f)	[húrmə]
citron (m)	**limon** (m)	[limón]
abricot (m)	**kajsi** (f)	[kajsí]
pêche (f)	**pjeshkë** (f)	[pjéʃkə]
kiwi (m)	**kivi** (m)	[kívi]
pamplemousse (m)	**grejpfrut** (m)	[grɛjpfrút]
baie (f)	**manë** (f)	[mánə]
baies (f pl)	**mana** (f)	[mána]
airelle (f) rouge	**boronicë mirtile** (f)	[boronítsə mirtílɛ]
fraise (f) des bois	**luleshtrydhe e egër** (f)	[lulɛʃtrýðɛ ɛ égər]
myrtille (f)	**boronicë** (f)	[boronítsə]

97. Les fleurs. Les plantes

fleur (f)	lule (f)	[lúlɛ]
bouquet (m)	buqetë (f)	[bucétə]
rose (f)	trëndafil (m)	[trəndafíl]
tulipe (f)	tulipan (m)	[tulipán]
oeillet (m)	karafil (m)	[karafíl]
glaïeul (m)	gladiolë (f)	[gladiólə]
bleuet (m)	lule misri (f)	[lúlɛ mísri]
campanule (f)	lule këmborë (f)	[lúlɛ kəmbórə]
dent-de-lion (f)	luleradhiqe (f)	[lulɛraðícɛ]
marguerite (f)	kamomil (m)	[kamomíl]
aloès (m)	aloe (f)	[alóɛ]
cactus (m)	kaktus (m)	[kaktús]
ficus (m)	fikus (m)	[fíkus]
lis (m)	zambak (m)	[zambák]
géranium (m)	barbarozë (f)	[barbarózə]
jacinthe (f)	zymbyl (m)	[zymbýl]
mimosa (m)	mimoza (f)	[mimóza]
jonquille (f)	narcis (m)	[nartsís]
capucine (f)	lule këmbore (f)	[lúlɛ kəmbórɛ]
orchidée (f)	orkide (f)	[orkidé]
pivoine (f)	bozhure (f)	[boʒúrɛ]
violette (f)	vjollcë (f)	[vjółtsə]
pensée (f)	lule vjollca (f)	[lúlɛ vjółtsa]
myosotis (m)	mosmëharro (f)	[mosməharó]
pâquerette (f)	margaritë (f)	[margarítə]
coquelicot (m)	lulëkuqe (f)	[luləkúcɛ]
chanvre (m)	kërp (m)	[kérp]
menthe (f)	mendër (f)	[méndər]
muguet (m)	zambak i fushës (m)	[zambák i fúʃəs]
perce-neige (f)	luleborë (f)	[lulɛbórə]
ortie (f)	hithra (f)	[híθra]
oseille (f)	lëpjeta (f)	[ləpjéta]
nénuphar (m)	zambak uji (m)	[zambák új i]
fougère (f)	fier (m)	[fíɛr]
lichen (m)	likene (f)	[likénɛ]
serre (f) tropicale	serrë (f)	[sérə]
gazon (m)	lëndinë (f)	[ləndínə]
parterre (m) de fleurs	kënd lulishteje (m)	[kənd lulíʃtɛjɛ]
plante (f)	bimë (f)	[bímə]
herbe (f)	bar (m)	[bar]
brin (m) d'herbe	fije bari (f)	[fíjɛ bári]

feuille (f)	gjeth (m)	[ɟɛθ]
pétale (m)	petale (f)	[pɛtálɛ]
tige (f)	bisht (m)	[bíʃt]
tubercule (m)	zhardhok (m)	[ʒarðók]

| pousse (f) | filiz (m) | [filíz] |
| épine (f) | gjemb (m) | [ɟémb] |

fleurir (vi)	lulëzoj	[luləzój]
se faner (vp)	vyshket	[výʃkɛt]
odeur (f)	aromë (f)	[arómə]
couper (vt)	pres lulet	[prɛs lúlɛt]
cueillir (fleurs)	mbledh lule	[mbléð lúlɛ]

98. Les céréales

grains (m pl)	drithë (m)	[dríθə]
céréales (f pl) (plantes)	drithëra (pl)	[dríθəra]
épi (m)	kaush (m)	[kaúʃ]

blé (m)	grurë (f)	[grúrə]
seigle (m)	thekër (f)	[θékər]
avoine (f)	tërshërë (f)	[tərʃérə]
millet (m)	mel (m)	[mɛl]
orge (f)	elb (m)	[ɛlb]

maïs (m)	misër (m)	[mísər]
riz (m)	oriz (m)	[oríz]
sarrasin (m)	hikërr (m)	[híkər]

pois (m)	bizele (f)	[bizélɛ]
haricot (m)	groshë (f)	[gróʃə]
soja (m)	sojë (f)	[sójə]
lentille (f)	thjerrëz (f)	[θjérəz]
fèves (f pl)	fasule (f)	[fasúlɛ]

LES PAYS DU MONDE

99. Les pays du monde. Partie 1

Afghanistan (m)	Afganistan (m)	[afganistán]
Albanie (f)	Shqipëri (f)	[ʃcipərí]
Allemagne (f)	Gjermani (f)	[ɉɛrmaní]
Angleterre (f)	Angli (f)	[aŋlí]
Arabie (f) Saoudite	Arabia Saudite (f)	[arabía saudítɛ]
Argentine (f)	Argjentinë (f)	[arɉɛntínə]
Arménie (f)	Armeni (f)	[armɛní]
Australie (f)	Australia (f)	[australía]
Autriche (f)	Austri (f)	[austrí]
Azerbaïdjan (m)	Azerbajxhan (m)	[azɛrbajdʒán]
Bahamas (f pl)	Bahamas (m)	[bahámas]
Bangladesh (m)	Bangladesh (m)	[baŋladéʃ]
Belgique (f)	Belgjikë (f)	[bɛlɉíkə]
Biélorussie (f)	Bjellorusi (f)	[bjɛɫorusí]
Bolivie (f)	Bolivi (f)	[bolíví]
Bosnie (f)	Bosnje Herzegovina (f)	[bósɲɛ hɛrzɛgovína]
Brésil (m)	Brazil (m)	[brazíl]
Bulgarie (f)	Bullgari (f)	[buɫgarí]
Cambodge (m)	Kamboxhia (f)	[kambódʒia]
Canada (m)	Kanada (f)	[kanadá]
Chili (m)	Kili (m)	[kíli]
Chine (f)	Kinë (f)	[kínə]
Chypre (m)	Qipro (f)	[cípro]
Colombie (f)	Kolumbi (f)	[kolumbí]
Corée (f) du Nord	Korea e Veriut (f)	[koréa ɛ vériut]
Corée (f) du Sud	Korea e Jugut (f)	[koréa ɛ júgut]
Croatie (f)	Kroaci (f)	[kroatsí]
Cuba (f)	Kuba (f)	[kúba]
Danemark (m)	Danimarkë (f)	[danimárkə]
Écosse (f)	Skoci (f)	[skotsí]
Égypte (f)	Egjipt (m)	[ɛɉípt]
Équateur (m)	Ekuador (m)	[ɛkuadór]
Espagne (f)	Spanjë (f)	[spáɲə]
Estonie (f)	Estoni (f)	[ɛstoní]
Les États Unis	Shtetet e Bashkuara të Amerikës	[ʃtétɛt ɛ baʃkúara tə amɛríkəs]
Fédération (f) des Émirats Arabes Unis	Emiratet e Bashkuara Arabe (pl)	[ɛmirátɛt ɛ baʃkúara arábɛ]
Finlande (f)	Finlandë (f)	[finlándə]
France (f)	Francë (f)	[frántsə]
Géorgie (f)	Gjeorgji (f)	[ɉɛoɲʃí]
Ghana (m)	Gana (f)	[gána]

T&P Books. Vocabulaire Français-Albanais pour l'autoformation - 3000 mots

| Grande-Bretagne (f) | Britani e Madhe (f) | [brítani ɛ máðɛ] |
| Grèce (f) | Greqi (f) | [grɛcí] |

100. Les pays du monde. Partie 2

| Haïti (m) | Haiti (m) | [haíti] |
| Hongrie (f) | Hungari (f) | [huŋarí] |

Inde (f)	Indi (f)	[indí]
Indonésie (f)	Indonezi (f)	[indonɛzí]
Iran (m)	Iran (m)	[irán]
Iraq (m)	Irak (m)	[irak]
Irlande (f)	Irландë (f)	[irlándə]
Islande (f)	Islandë (f)	[islándə]

| Israël (m) | Izrael (m) | [izraél] |
| Italie (f) | Itali (f) | [italí] |

Jamaïque (f)	Xhamajka (f)	[dʒamájka]
Japon (m)	Japoni (f)	[japoní]
Jordanie (f)	Jordani (f)	[jordaní]
Kazakhstan (m)	Kazakistan (m)	[kazakistán]
Kenya (m)	Kenia (f)	[kénia]

| Kirghizistan (m) | Kirgistan (m) | [kirgistán] |
| Koweït (m) | Kuvajt (m) | [kuvájt] |

Laos (m)	Laos (m)	[láos]
Lettonie (f)	Letoni (f)	[lɛtoní]
Liban (m)	Liban (m)	[libán]
Libye (f)	Libia (f)	[libía]
Liechtenstein (m)	Lichtenstein (m)	[litshtɛnstéin]

| Lituanie (f) | Lituani (f) | [lituaní] |
| Luxembourg (m) | Luksemburg (m) | [luksɛmbúrg] |

Macédoine (f)	Maqedonia (f)	[macɛdonía]
Madagascar (f)	Madagaskar (m)	[madagaskár]
Malaisie (f)	Malajzi (f)	[malajzí]
Malte (f)	Maltë (f)	[máltə]
Maroc (m)	Marok (m)	[marók]

| Mexique (m) | Meksikë (f) | [mɛksíkə] |
| Moldavie (f) | Moldavi (f) | [moldaví] |

Monaco (m)	Monako (f)	[monáko]
Mongolie (f)	Mongoli (f)	[moŋolí]
Monténégro (m)	Mali i Zi (m)	[máli i zí]
Myanmar (m)	Mianmar (m)	[mianmár]
Namibie (f)	Namibia (f)	[namíbia]
Népal (m)	Nepal (m)	[nɛpál]
Norvège (f)	Norvegji (f)	[norvɛɟí]
Nouvelle Zélande (f)	Zelandë e Re (f)	[zɛlándə ɛ ré]
Ouzbékistan (m)	Uzbekistan (m)	[uzbɛkistán]

101. Les pays du monde. Partie 3

Pakistan (m)	**Pakistan** (m)	[pakistán]
Palestine (f)	**Palestinë** (f)	[palɛstínə]
Panamá (m)	**Panama** (f)	[panamá]
Paraguay (m)	**Paraguai** (m)	[paraguái]
Pays-Bas (m)	**Holandë** (f)	[holándə]
Pérou (m)	**Peru** (f)	[pɛrú]
Pologne (f)	**Poloni** (f)	[poloní]
Polynésie (f) Française	**Polinezia Franceze** (f)	[polinɛzía frantsézɛ]
Portugal (m)	**Portugali** (f)	[portugalí]
République (f) Dominicaine	**Republika Dominikane** (f)	[rɛpublíka dominikánɛ]
République (f) Sud-africaine	**Afrika e Jugut** (f)	[afríka ɛ júgut]
République (f) Tchèque	**Republika Çeke** (f)	[rɛpublíka tʃékɛ]
Roumanie (f)	**Rumani** (f)	[rumaní]
Russie (f)	**Rusi** (f)	[rusí]
Sénégal (m)	**Senegal** (m)	[sɛnɛgál]
Serbie (f)	**Serbi** (f)	[sɛrbí]
Slovaquie (f)	**Sllovaki** (f)	[sɫovakí]
Slovénie (f)	**Sllovenia** (f)	[sɫovɛnía]
Suède (f)	**Suedi** (f)	[suɛdí]
Suisse (f)	**Zvicër** (f)	[zvítsər]
Surinam (m)	**Surinam** (m)	[surinám]
Syrie (f)	**Siri** (f)	[sirí]
Tadjikistan (m)	**Taxhikistan** (m)	[tadʒikistán]
Taïwan (m)	**Tajvan** (m)	[tajván]
Tanzanie (f)	**Tanzani** (f)	[tanzaní]
Tasmanie (f)	**Tasmani** (f)	[tasmaní]
Thaïlande (f)	**Tajlandë** (f)	[tajlándə]
Tunisie (f)	**Tunizi** (f)	[tunizí]
Turkménistan (m)	**Turkmenistan** (m)	[turkmɛnistán]
Turquie (f)	**Turqi** (f)	[turcí]
Ukraine (f)	**Ukrainë** (f)	[ukraínə]
Uruguay (m)	**Uruguai** (m)	[uruguái]
Vatican (m)	**Vatikan** (m)	[vatikán]
Venezuela (f)	**Venezuelë** (f)	[vɛnɛzuélə]
Vietnam (m)	**Vietnam** (m)	[viɛtnám]
Zanzibar (m)	**Zanzibar** (m)	[zanzibár]

www.ingramcontent.com/pod-product-compliance
Lightning Source LLC
Chambersburg PA
CBHW070823050426
42452CB00011B/2169